Robert Theml

DIE SCHÖNSTEN WANDERTOUREN

WANDERUNGEN MIT KINDERWAGEN

zwischen Füssen und Tegernsee

Inhalt

Die leicht mit dem Kinderwagen zu erreichende Bäckeralm.

Wandern mit Kindern 4
Tragehilfen und Kinderwagen 5
Ausrüstung und Gepäck 7
Unterhaltung für die Kleinen:
Spiele und Ablenkung am Wegesrand . . . 8

DIE SCHÖNSTEN WANDERUNGEN MIT DEM KINDERWAGEN

Ammersee, Starnbergersee, Isar

1 **Romanshöhe** 12
Wandern fast ohne Höhenmeter
2 **Schatzbergalm** 14
Die Ammersee-Alm
3 **Forsthaus Ilkahöhe** 16
Leichte Tour über Tutzings Ilkahöhe
4 **Gasthaus zur Mühle** 18
Kleine Wanderung von Straßlach
nach Mühltal im Isartal

Große Findlinge reizen die Kleinsten schon zum Kraxeln.

Ammergebirge

5 **Drehhütte** 22
Zum Kinderspielparadies
über dem Forggensee
6 **Kolbenalm** 24
Variable Hüttenwanderung
über Oberammergau
7 **Hörnle-Hütte** 26
Anstrengende Tour zum Gipfel
über Bad Kohlgrub
8 **St. Martin** 28
Über den Kellerleitensteig
vom Pflegersee nach St. Martin

Wetterstein

9 **Neuneralm** 32
Schöne Rundtour
abseits der Zugspitz-Touristen
10 **Hämmermoosalm** 34
Rundtour im schönen Gaistal
bei Leutasch
11 **Partnachalm und Kochelberg-Alm** 36
Almenrunde über Garmisch
12 **Gamshütte** 38
Zur ausgestopften Gams
mit Panoramaaufstieg
13 **Elmauer Alm** 40
Zu den saftigen Almwiesen über
Schloss Elmau
14 **Ederkanzel** 42
Dreitälerblick auf dem
Grenzstein
15 **Korbinianhütte** 44
Traumhafte Ausblicke auf Mittenwald
und Karwendel

Karwendel

- 16 **Maxhütte** 48
  Die Spielplatzhütte über Wallgau
- 17 **Falkenhütte** 50
  Zweitagestour – nur für ausdauernde und sportliche Eltern!
- 18 **Binsalm** 54
  Tour über die Eng-Alm im Naturschutzgebiet Karwendel
- 19 **Feilalm** 56
  Grandiose Aussicht auf den Achensee

Isarwinkel

- 20 **Kirchsteinhütte** 60
  Tour mit der variablen Anstiegslänge
- 21 **Reiseralm** 62
  Mutige Bachdurchquerungen unterm Brauneck
- 22 **Waldherralm** 64
  Rundtour von Wackersberg über die Heigelkopfalmen
- 23 **Denkalm** 66
  Über den Keilkopf zu den Tieren der Alm

Tegernseer Berge

- 24 **Aueralm** 70
  Schweißtreibender Aufstieg zur bekanntesten Alm
- 25 **Schwarzentennalm** 72
  Sommer wie Winter ein Traumziel
- 26 **Siebenhüttenalm** 74
  Kinderleichte Tour mit Spielpause am Bach
- 27 **Bauer in der Au und Söllbachklause** 76
  Kleine Runde über Bad Wiessee
- 28 **Königsalm** 78
  Selbst mit Kinderwagen ein Traumziel
- 29 **Lieberhof** 80
  Über den Tegernseer Höhenweg
- 30 **Galaunalm** 82
  Käsekuchen unter der Riedersteinkapelle
- 31 **Kreuzbergalm** 84
  Almvergnügen mit Aussicht
- 32 **Bäckeralm** 86
  Schaukeln in den Bergen
- 33 **Hafneralm** 88
  Leckere Einkehr im Suttengebiet
- 34 **Forsthaus Valepp** 90
  Die Hütte mit der variablen Tourenlänge
- 35 **Taubenberg** 92
  Aber bitte ökologisch!

Register 94
Impressum 96

Der Spielplatz auf der Ederkanzel.

Wandern mit Kindern

Wandern – Die Touren in diesem Buch sind nicht alles Spaziergänge, da es durchaus einige Höhenmeter zu überwinden gilt und die Wege teilweise recht steil sind. Dafür sind aber die Ausblicke schöner, die Natur einsamer – und das Erfolgserlebnis ist für alle Beteiligten größer als bei einem Spaziergang in der Ebene. Man muss kein Bergsteiger oder Klettersteigprofi sein, um die hier vorgestellten Hütten zu erreichen. Alle Wege sind ungefährlich und auch für Ungeübte zu schaffen. Und eines zeichnet alle Touren aus: Sie sind kinderwagengeeignet!

mit – Die Touren machen nur Sinn und vor allem Spaß, wenn man alles mit den Kindern macht. Angefangen bei der Planung über die Auswahl der Ausrüstung und die Geschwindigkeit beim Gehen bis hin zu den Aktivitäten am Berg.

Die Auswahl der Tragehilfen sowie der Wanderausrüstung sollte mit größter Sorgfalt vorgenommen werden. Wenn die Gummistiefel auf felsigem Untergrund rutschen, die Jacke den Regen nicht abhält oder die Sonne das Kind im Kinderwagen blendet, steht die Tour schnell unter einem schlechten Stern.

Kindern – Bereits unsere zwei Wochen alte Tochter hat ihre erste Tour ebenso unbeschadet überstanden wie ihr Bruder im Kleinkindalter. Ein Baby kann zwar unkomplizierter im Kinderwagen geschoben werden, erfordert aber ein Mehr an Mitdenken, wenn es um die Kältecreme, das Wickeln und die Stillpausen geht. Die Größeren müssen zwar meist mehr im Zaum gehalten werden und erfordern mehr Aufmerksamkeit, können aber dafür selbst gehen und wissen genau, wann sie Hunger oder Durst haben.

Welche Tour sollte man wählen?

Für den Einstieg und für Ungeübte (insbesondere mit Kinderwagen) empfiehlt sich zunächst eine Tour mit wenigen Höhenmetern, die bei den Anforderungen in der Infobox als »leicht« beschrieben ist. Alle Touren sind mit Kinderwagen und Rucksacktrage im Sommer wie im Winter getestet. Es wurden nur diejenigen aufgenommen, die auch wirklich für die ganze Familie geeignet sind. Eine gewisse körperliche Fitness wird natürlich vorausgesetzt.

Mit Kindern unterwegs

Ist man mit kleinen Kindern unterwegs, kommen nur einfache, kurze Wegstrecken in Betracht. Aus diesem Grund sind hier nur Touren aufgeführt, bei denen das Ziel in etwa einer Stunde zu erreichen ist. Rechtzeitige Pausen mit Brotzeit und Trinken sind ein Muss. Die Gehzeit bei Ausflügen mit Kindern ist um ein Vielfaches höher als die am Berg angegebenen Zeiten. Schon das Packen und das Fertigmachen am Ausgangspunkt dauern mit Kindern länger. Die in der Infobox bei den Touren angegebenen Gehzeiten beziehen sich auf die Gehzeit zum Ziel, der Rückweg erfordert nochmals die gleiche Zeit.

Tragehilfen und Kinderwagen

»Wie kommt man hoch?« Bei dem Schwierigkeitsgrad der in diesem Buch vorgestellten Touren ist dies eher nicht das Problem, die Frage muss vielmehr lauten: »Wie bekommt man den Nachwuchs hoch?«

Kinderwagen

Der Vorteil eines Kinderwagens ist, dass das Kind schlafen oder sitzen, sich warm in Decken kuscheln oder sich unter dem Sonnenschutz vor der Sonne verstecken kann. Vor allem für die noch empfindlicheren Säuglinge unter einem halben Jahr ist der Kinderwagen daher ideal. Auf unebenen Wegen steht der Wagen stabil und selbst im tiefsten Winter kommt man gut über Eis und Schnee, wenn der Weg geräumt wurde. Bei steileren und unebeneren Wegen kommt man mit dem Kinderwagen eher schlecht voran. Daher sollte man für das erste Mal auf jeden Fall eine leichte Tour wählen. Der Kinderwagen sollte vorne keine flexiblen Räder haben, die sich bei jedem Stein oder Schneehügel quer stellen.

Einleitung

Buggy
Der Buggy ist nur für reine Asphalt- oder Kurztouren geeignet. Er ist zwar in der Regel leichter und wendiger als der Kinderwagen, zugleich aber auch wackeliger, der Reifendurchmesser ist kleiner (man taucht in alle Mulden ein) und die Reifen sind meist aus unflexiblem Hartplastik.

Rucksacktrage
Eine Rucksacktrage ist für das Transportieren von Kindern, die schon sitzen können, in den Bergen ideal. Die Kinder sitzen gerne auf dem Rücken von Mama oder Papa und haben beste Sicht. Auch Schlafen ist kein Problem. Der Träger der Rucksacktrage kommt auch über steiles und unwegsameres Gelände. Dank des stabilen Rahmens kann man die Kleinen jederzeit zum Pausemachen abstellen – aber unbedingt immer festhalten! Meist bieten die Rucksacktragen auch Stauraum für Windeln, Ersatzkleidung, Brotzeit etc. Ein weiterer Vorteil gegenüber dem Tragetuch ist der trockene Rücken durch das Rückennetz. Bitte unbedingt darauf achten, dass die Kleinen komplett vor Sonne geschützt sind und im Winter die Füße und Hände warm bleiben. Bei Temperaturen unter −2° C besteht angesichts der geringen Durchblutung beim Sitzen Erfrierungsgefahr, vor allem an den Füßen.

Sonnenhut und Sonnendach schützen die Kleinsten.

Tragetuch
Im Tragetuch sitzen vor allem kleine Kinder, die noch nicht selbstständig sitzen können, besser. Der Rücken wird (bei richtigem Binden) optimal gestützt. Die Spreizhockhaltung unterstützt die richtige Entwicklung der Hüften. Allerdings liegt das Tragetuch schweißtreibend am Körper an, man kann das Kind nicht schnell und unkompliziert abstellen und das Binden des Tuches erfordert Übung und ist aufgrund der Länge der Tücher oft unkomfortabel. Ebenso fehlt zusätzlicher Stauraum. Es gibt allerdings mittlerweile leichte Tragesysteme aus Stoff, die alle Vorteile des Tragetuches haben, aber viel leichter anzulegen sind. Die beste Informationsquelle ist hier im Moment noch das Internet.

Schlitten
Über den Einsatz eines Schlittens nachzudenken, lohnt nur, wenn wirklich viel Schnee liegt, und zwar auch auf dem Wanderweg selbst. Ein Zweisitzer für Kleinkinder und Babys mit anmontierter Lehne macht den Rückweg nach der Einkehr für alle lustiger und schneller.

Einleitung

Ein kleines Glöckchen am Schlitten warnt Wanderer auf dem Weg. Beim Ziehen auf Eis wird es jedoch schnell wackelig und bei viel Schnee bleibt man leicht hängen und der Schlitten samt »Fracht« kippt um. Auch im Winter muss an Sonnenschutz für die Kleinen im Schlitten gedacht werden. Alle Touren sind mit einem Rodelhinweis in der Randspalte versehen.

Ausrüstung und Gepäck

Sinnvolle Ausrüstung und Gepäck hinsichtlich Qualität und Quantität sind neben der Wahl der richtigen Tragehilfe das A und O beim Wandern mit Kindern.

Rucksack

Ein guter Rucksack gehört zur Grundausstattung in den Bergen. Wichtig sind vor allem eine ausreichende Luftzirkulation am Rücken, ein wasserdichtes Außengewebe und genügend Packvolumen. Nicht nur der Proviant muss Platz finden, sondern auch der Regenschutz, eventuell Wickelzeug und Spielsachen sowie Karte oder Fernglas.

Campinghocker

Gerade bei flachen, leichten Wegen, insbesondere an Flüssen entlang oder um Seen herum, wo es für die Kleinen viele Spielmöglichkeiten gibt, ist diese klappbare, leichte Sitzgelegenheit ein echtes Plus.

Die historische Königsalm unter dem Schildenstein.

Gamaschen

Gamaschen können praktisch sein, um Schnee oder auch Matsch aus den Schuhen und von den Hosenbeinen fernzuhalten. Auch gegen im Gras lauernde Zecken bieten sie einen gewissen Schutz.

Wanderstöcke

Wanderstöcke können Auf- und Abstieg sehr erleichtern, insbesondere beim Tragen der Kinder geben die Stöcke guten Halt und entlasten spürbar Knie und Rücken. Die meist dreiteiligen, ineinanderschiebbaren Stöcke sind zudem auch in der Ebene leicht am oder im Rucksack verstaubar.

Kleidung

Bei der Kleidung von kleinen Kindern, die geschoben oder getragen werden, sollte unbedingt bedacht werden, dass diese sich nicht bewe-

Einleitung

gen. Sie brauchen also vor allem im Winter mindestens eine Schicht mehr Kleidung als die Wanderer. Besonders die Füße und Finger sollten zwischendurch immer wieder kontrolliert werden, um einer Unterkühlung oder gar einer Erfrierung vorzubeugen. In Frühjahr, Sommer und Herbst empfiehlt es sich, immer Regenkleidung mitzunehmen. Bei Sonnenschein sollten die Kinder stets komplett mit Kleidung bedeckt sein, um einen Sonnenbrand zu vermeiden, ein Kopfschutz schützt vor Sonnenstich. Im Kinderwagen spendet ein Sonnenschirm oder ein Tuch den Kleinsten zusätzlichen Schatten von Kopf bis Fuß.

Essen und Trinken

Wie für Erwachsene ist auch für Kinder ausreichendes Trinken beim Wandern sehr wichtig und sollte in keinem Rucksack fehlen. Mit Broten, Obst und vielleicht sogar ein paar Gummibärchen oder Keksen kann man nicht nur den kleinen Hunger zwischendurch stillen, sondern auch quengelige Kinder ablenken.

Grödel

Auch ein einfaches Taschentuch-Segelschiff kann begeistern.

Wenn man im Winter unterwegs ist, kommt man um die Anschaffung eines Paares Grödel fast nicht herum. Mit Grödel hat man mit Kind am Rücken oder im Wagen auch auf vereister Strecke einen sicheren Halt. Die meist vierzackigen Grödel sind leicht an jedes Schuhwerk zu schnallen und haben beim Tragen im Rucksack ein geringes Gewicht.

Steigeisen

Steigeisen sind der große Bruder der Grödel mit sieben bis zwölf Zacken und können genauso wie Grödel verwendet werden. Bei Neuanschaffung sind Grödel jedoch günstiger und am Berg leichter zu transportieren. Zudem benötigt man für Steigeisen steigeisenfestes Schuhwerk, um einen guten Sitz zu gewährleisten.

Unterhaltung für die Kleinen: Spiele und Ablenkung am Wegesrand

Die Natur liefert auf der Tour zahlreiche Spielideen. Es kann sich allerdings auszahlen, wenn man bereits beim Packen des Rucksacks an »Forscherutensilien« wie z. B. einen Becher zum Wasserschöpfen, ein Fernglas oder ein Taschenmesser gedacht hat.

Einleitung

Die Kochelbergalm oberhalb von Garmisch-Partenkirchen.

Wasser zieht Kinder magisch an und man kann Stunden, wenn nicht Tage damit überbrücken. Vom Baden in Fluss oder See über den eigenen Staudamm im Bach bis hin zu Ast- und Laubbooten unter Brücken sind hier der Fantasie keine Grenzen gesetzt.

Auch mit Steinen lassen sich prima Türme, Staudämme oder Bodenmarkierungen bauen. Als Andenken bietet es sich an, einen besonders schönen Stein mit nach Hause zu nehmen und dort mit einem kleinen Klebestreifen zu beschriften, so kann man auch nach 20 Jahren noch die Erinnerung an den Fundort auffrischen.

Laub eignet sich, besonders im Herbst, hervorragend zum Sammeln. Die herbstlich bunt leuchtenden Blätter, die auch im Rucksack nicht ins Gewicht fallen, eignen sich gut geputzt an verregneten Wochenenden ideal zum Basteln.

Mit Ästen und kleinen Stämmen (nicht absägen) kann man tolle Unterschlupfhöhlen zimmern, Naturmikado spielen oder in den größten Erdlöchern herumstochern. Ein provisorischer Wanderstock macht allen Kindern Spaß.

Fast immer hilft einem auch die Natur selbst, die Tour spannend zu gestalten: eine Klamm mit einem tosenden Bergbach, ein Wasserfall, der in die Tiefe stürzt, eine saftige Wiese mit zu bestimmenden Blumen oder gar ein Höhleneingang, der mit der Taschenlampe erforscht wird. Die Kunst, Vögel am Gesang zu erkennen, beherrschen vermutlich nur noch die wenigsten. Tiere in der freien Natur zu beobachten und zu bestimmen, ist dagegen eine spannende Ablenkung.

Und nun viel Spaß beim Wandern!

Blick von der Ilkahöhe auf Oberzeismering und den Starnberger See.

Ammersee
Starnberger See
Isar

Unterwegs in den Garmischer Bergen

1

Romanshöhe

Wandern fast ohne Höhenmeter

- **Anfahrt:** Autobahn München–Garmisch (A 95) bis zum Autobahnende in Eschenlohe und weiter über die Bundesstraße Richtung Garmisch. In Oberau rechts nach Oberammergau. Am Ortsanfang rechts zum Freibad Wellenberg.
- **Gehzeit:** 130 Min.
- **Höhe:** 959 m
- **Höhenunterschied:** 55 m
- **Gipfel:** Hinteres Hörnle (1548 m)
- **Anforderungen:** Höhenwanderweg mit anschließendem Freibad
- **Rolli:** Geeignet
- **Rodel:** Nicht geeignet
- **Kinderwagen:** Geeignet
- **Einkehr:** Romanshöhe, ganzjährig bis auf November geöffnet, Mo. Ruhetag, Tel. 08822/944 45, E-Mail: Romanshoehe@yahoo.de
- **Karte:** Topografische Karte 1:50 000, Blatt Werdenfelser Land (BLVA)
- **Informationen:** Oberammergau Tourismus, Eugen-Papst-Str. 9a, 82487 Oberammergau, Tel. 08822/923 10, www.oberammergau.de

Die 1977 über dem Ammertal mit Ober- und Unterammergau erbaute Berggaststätte Romanshöhe geizt nicht mit Ausblicken. Mit bestem Blick auf Laberberg und Notkarspitze sowie auf viele weitere Gipfel der Ammergauer Alpen genießt man Sommer wie Winter die leicht zu erreichende Sonnenterrasse.

Direkt am Parkplatz oberhalb des Freizeitzentrums Wellenberg (Freibad!) bei der Talstation der Laberbergbahn starten wir die Tour, auch wenn man an heißen Sommertagen vielleicht lieber gleich ins Freibad eintauchen würde. Der „Altherrenweg" zur Romanshöhe startet nicht am unteren Ende des Parkplatzes, sondern links der Bergbahn etwa mittig der Parkplätze. Auf einem Teerweg geht es in den Wald, aber nach wenigen Metern erreicht man schon den vor einem Gatter nach links führenden schmaleren, gekiesten Höhenweg. Gleich zu Beginn fällt die erste Ruhebank auf, die auch gleich angetestet wird. Nicht umsonst heißt dieser leichte Weg am Fuße des Aufackers „Altherrenweg" – kaum Steigungen, beste Aussicht und ausreichend Bänke und Unterstände ermöglichen es Besuchern je-

Der Altherrenweg

Romanshöhe

den Alters, das Ziel zu erreichen. Hat man den Einstieg in den Altherrenweg gefunden, kann eigentlich schon nichts mehr schiefgehen. Stets geradeaus erreicht man schon bald die erste der zwei Wegkreuzungen. Beide Male gehen wir zunächst links leicht bergab, um dann nach wenigen Metern wieder rechts auf dem Altherrenweg weiterzuschlendern. Abwechslungsreich überquert man so manches Bächlein und hält sich stets Richtung Unterammergau.

Ist die steile Teerstraße, die direkt aus Oberammergau zur Romanshöhe führt (man könnte hier auch alternativ am Bahnhof starten), erreicht, geht es nach rechts über die Stufen neben der Straße bergauf. Fast alle Höhenmeter der Tour treffen nun geballt auf die langen und kurzen Beine, aber schon bald geht es wieder eben dahin und nach der nächsten Lichtung ist die Berggaststätte auch schon erreicht.

Die schöne, an der Hauswand und in der überdachten Laube im Sommer angenehm kühle Sonnenterrasse erreicht man mit dem Kinderwagen auch gut, ohne sich durch Tische und Bänke zu quetschen, wenn man durch das Haus schiebt.

Nach der Rast geht es auf dem gleichen Weg wieder zurück oder alternativ geradeaus weiter zum „Weiher" bzw. Bahnhof in Unterammergau.

Tipp
Das Erlebnisbad Wellenberg mit Riesenrutsche und Kleinkindbecken am Ausgangspunkt der Tour garantiert Spaß für alle Altersgruppen (www.wellenberg-oberammergau.de).

Blick über Oberammergau

Ammersee, Starnberger See, Isar

2 Schatzbergalm

Die Ammersee-Alm

■ **Anfahrt:** Nach Dießen und in der Ortsmitte zum Bahnhof. Hier ist ein großer Parkplatz.
■ **Gehzeit:** 45 Min.
■ **Höhe:** 615 m
■ **Höhenunterschied:** 75 m
■ **Gipfel:** Schatzberg (677 m)
■ **Anforderungen:** Leichte Tour auf Asphalt. Zu Beginn längerer Abschnitt auf wenig befahrener, aber gehwegloser Straße – evtl. bei SOS-Kinderdorf parken.
■ **Rolli:** Gut geeignet
■ **Rodel:** Nicht geeignet
■ **Einkehr:** Schatzberg-Alm, April bis Oktober: Montag Ruhetag, November und Dezember: Montag und Dienstag Ruhetag, Januar bis März: Montag bis Mittwoch Ruhetag, Tel. 0 88 07/67 80, E-Mail: info@schatzbergalm.de, www.schatzbergalm.de
■ **Karte:** Topographische Karte 1:50 000, Blatt Ammersee, Starnberger See, München Süd (BLVA)
■ **Informationen:** Tourist-Info-Dießen, Schützenstr. 9, 86911 Dießen am Ammersee, Tel. 0 88 07/10 48, Fax 0 88 07/44 59, E-Mail: touristinfo@diessen.de, www.tourist-info-diessen.de

Die Kleinen lieben Schaukeln – nur anschubsen muss meist Papa.

Die Schatzbergalm hoch über dem Ammersee ist Ziel einer der leichtesten Touren dieses Führers – mit nur 75 zu überwindenden Höhenmetern fast ausschließlich auf Asphalt.

Die Tour startet am Bahnhof in Dießen, der zwar leider nicht von der Münchner S-Bahn angesteuert wird, aber immerhin über einen regelmäßigen Bahnverkehr verfügt. Die Autofahrer gehen zunächst bis zum Bahnhofsgebäude und dann gerade an diesem vorbei, die Bahnfahrer gehen durch den Bahnhof hindurch und nach links. Die Straße schwenkt schon bald, ein kleiner Fußweg führt an den Gleisen geradeaus bis zur Unterführung. Für großgewachsene Mütter und Väter heißt es nun Kopf einziehen, denn der Weg unter den Gleisen hindurch scheint nicht für Mitteleuropäer des 21. Jahrhunderts gebaut zu sein.

In dem kleinen Park am See kann man zunächst den Schiffen auf dem Ammersee zuzusehen, bevor man nach rechts schwenkt und auf der kleinen Brücke den Bach überquert. Am Brunnen vorbei (letzte Möglichkeit zum Wasserspielen für die Kleinen) geht

Schatzberg-Alm

> **Tipp:**
> Dießen (Schiffahrt, Strandbad), Starnberg (Wasserpark Starnberg), Andechs (Kloster), Bernried (Buchheim-Museum)

es zum Minigolfplatz, der rechts passiert wird, um so die nächste Teerstraße (Jahnstraße) zu erreichen. Diese wird überquert, man folgt der mäßig befahrenen Straße (Jägerallee, Ammer-Amper-Radweg) an den Gleisen entlang nach Süden. Nach einiger Zeit mündet die Straße in die Hauptstraße nach Raisting. Rechts über die Gleise und weiter auf dem Fußweg, biegt man in die nächste Straße (Vogelherdstraße) nach links ab. Nach dem SOS-Kinderdorf geht es leicht nach rechts dem Schild zur Schatzbergalm folgend und nun etwas bergauf.

Üppiger Blumenschmuck an der Schatzbergalm.

Nachdem die ersten Höhenmeter erklommen sind geht es an einer Sackgasse nach rechts weiter auf der Teerstraße. Bald ist ein Abzweig erreicht, der nach rechts zurück nach Dießen leiten würde, diese Tour führt jedoch links weiter. Bei der folgenden Wegkreuzung geht es geradeaus weiter bis zu einer weiteren Verzweigung. Hier geht es nun nach links, dem Schild »Schatzbergalm« folgend und bald darauf an einer weiteren Verzweigung rechts, ebenfalls der Beschilderung folgend. Das Ziel ist nun schon fast erreicht; lediglich die (Kuh-)Wiesen sind noch ohne Steigung zu durchqueren, um den Schotterabzweig nach rechts hoch zur Schatzbergalm zu erreichen, der in einer Links-Rechts-Kombination über die letzten Höhenmeter zur Alm und den Parkplatz führt.

Die Alm mit dem schönen südseitigen Biergarten im Sommer und dem wärmenden Wintergarten in der kalten Jahreszeit lädt zu einer ordentlichen Brotzeit ein. Am Rand des Biergartens finden die Kleinsten einen Sandkasten sowie eine Babyschaukel. Die Größeren freuen sich über die großen Schaukeln, die Rutsche und die Bobby-Cars.
Zurück zum Auto geht es wieder auf dem bekannten Weg.

Ammersee, Starnberger See, Isar

3 Forsthaus Ilkahöhe

Leichte Tour über Tutzings Ilkahöhe

- **Anfahrt:** Über Starnberg weiter bis Tutzing am Westufer des Starnberger Sees. Im Ort rechts abbiegen und beim S-Bahnhof parken.
- **Gehzeit:** 35 Min.
- **Höhe:** 711 m
- **Höhenunterschied:** 100 m
- **Gipfel:** Keine
- **Anforderungen:** Leicht Tour abseits verkehrsreicher Straßen.
- **Rolli:** Geeignet
- **Rodel:** Nicht geeignet
- **Einkehr:** Forsthaus Ilkahöhe, Montag und Dienstag Ruhetag im Restaurant (Biergarten bei schönem Wetter täglich geöffnet), Tel. 0 81 58/82 42, E-Mail: ilkahoehe@t-online.de, www.ilkahoehe.de; Tutzinger Keller, kein Ruhetag, Tel. 0 81 58/8027. E-Mail: contact@tutzingerkeller.de; www.tutzingerkeller.de
- **Karte:** Topographische Karte 1:50 000, Blatt Ammersee, Starnberger See, München Süd (BLVA)
- **Informationen:** Tourist-Information Starnberger Fünf-Seen-Land, Wittelsbacherstr. 2c, 82319 Starnberg, Tel. 0 81 51/9 06 00, Fax 0 81 51/ 90 60 90, E-Mail: info@sta5.de, www.sta5.de

Der Name »Ilkahöhe« erinnert an die Fürstin Ilka von Wrede: Hier stand früher ihr zu Ehren ein kleines Tempelchen, das im 2. Weltkrieg stark beschädigt und später abgerissen wurde.

Am südlichen Ende des P&R-Parkplatzes beim Bahnhofsgebäude startet der Schönmoosweg, ein Fußweg mit Beschilderung »Ilkahöhe«. Vorbei am »Tutzinger Keller«, einem netten Biergarten, der sich für eine Rast am Ende der Tour anbietet, erreicht man die breite Straße, geht nach rechts und unter den Bahngleisen hindurch. Weiter marschiert man gleich wieder rechts in Richtung der westlichen P&R-Parkplätze und auf dem geschotterten Fußweg leicht bergan. Dieser erreicht wieder eine Teerstraße (links weiter), um nach wenigen Metern gerade auf den nächsten Fußweg abzuzweigen. Am Ende dieses Weges gelangt man abermals auf eine Teerstraße und geht nach links. Man überquert die nächste Kreuzung und erreicht einen Parkplatz, der links auf der als Sackgasse gekennzeichneten Straße passiert wird. Ab der nächsten Biegung ist die

Schotterstraße für Autos gesperrt und zieht als schöne Allee an den Pferdeweiden über Tutzing weiter leicht bergan. Im Wald geht es stets geradeaus bergauf und man erreicht über den Trimm-Dich-Pfad einen kleinen Wanderparkplatz. Hier geht's links zur Teerstraße, der man nach rechts folgt, um abermals nach links auf den Panoramaweg über die Ilkahöhe abzuzweigen.

Tipp:
Tutzing (Schiffahrt), Starnberg (Wasserpark Starnberg), Andechs (Kloster), Bernried (Buchheim-Museum)

Nun geht es auf dem kleinen Weg nach Süden und neben den Kuhweiden kann man den schönen Ausblick auf die Berge und den Starnberger See genießen. Sobald links (nach einer Schranke) das kleine Wäldchen erreicht ist, biegt die Familie nach etwa zehn

Metern links auf den kleinen holprigen Pfad, um die Schotterstraße, die nach links bergab führt, zu erreichen. Wem dieser Weg mit dem Kinderwagen zu holprig ist, der geht einfach auf dem Pfad geradeaus weiter, bis man ohnehin auf diese Schotterstraße trifft. Nach wenigen Höhenmetern Abstieg wird eine Kreuzung überquert und man gelangt so zum Parkplatz des Forsthauses Ilkahöhe. Es geht nach rechts und man erreicht das Forsthaus direkt neben der kleinen Kirche, mit Traumblick auf den Starnberger See. Rechts um das Haus herum erreichen die müden Eltern den Biergarten.

Zurück geht es zunächst wieder zum Parkplatz und dann auf der Teerstraße rechts bergab an den Ortsrand von Tutzing. Man überquert die große Straße und geht gerade in die Hofmairstraße. Nach wenigen Metern geht es beim Trafohäuschen links in einen Fußweg. An der Teerstraße wieder nach links und dann die erste nach rechts in die Fischerbuchetstraße bis zu deren Ende. Nun nach links in die Herrestraße und an deren Ende rechts in den Fußweg. Man erreicht die große Straße wieder an der Bahnunterführung und geht zurück zum Parkplatz.

Das Forsthaus Ilkahöhe mit Blick über den Starnberger See.

Ein Windrad und Strohschmetterling als Forschungsobjekt.

Ammersee, Starnberger See, Isar

4 Gasthaus zur Mühle

Kleine Wanderung von Straßlach nach Mühltal im Isartal

■ **Anfahrt:** Von München östlich der Isar über Grünwald bis nach Straßlach. Nach dem Gasthaus Wildpark rechts in die Mühlstraße und bis zum Parkplatz am Ende der öffentlich befahrbaren Straße (vor dem für den Autoverkehr gesperrten Teilstück, das hinab ins Isartal führt).
■ **Gehzeit:** 25 Min.
■ **Höhe:** 550 m
■ **Höhenunterschied:** 85 m
■ **Gipfel:** keine
■ **Anforderungen:** Leichte Tour auf Teerstraße mit verdrehtem Höhenprofil: zuerst bergab, dann bergauf.
■ **Rolli:** Geeignet
■ **Rodel:** Nicht geeignet
■ **Einkehr:** Gasthaus zur Mühle, ganzjährig bewirtschaftet, Montag Ruhetag, Tel. 0 81 78/36 30, E-Mail: kontakt@gasthausmuehle.de, www.gasthausmuehle.de; Gasthaus zum Bruckenfischer, ganzjährig geöffnet, Tel. 0 81 78/36 35.
■ **Karte:** Keine Wanderkarte.
■ **Informationen:** Gemeinde Straßlach-Dingharting, Schulstraße 21, 82064 Straßlach, Tel. 0 81 70/93 00-0, Fax 0 81 70/93 00-8 46, E-Mail: rathaus@strasslach.de, www.strasslach.de

Das bereits 1007 erbaute Gasthaus in den Isarauen zählt zu den schönsten und weniger überlaufenen Ausflugszielen im Münchner Umland. Direkt am Biergarten liegt die längste Floßrutsche Europas.

Vom Parkplatz unmittelbar am Isarhochufer führt die Teerstraße bergab ins Isartal nach Mühltal. Am Isarkanal treiben zur frühen Mittagszeit zahlreiche Floße die Isar hinab. Wenige Meter nach rechts der Kanalstraße folgend geht es zum Gasthaus zur Mühle mit tausendjähriger Geschichte. Im gemütlichen Biergarten sitzt man unter Kastanien und sieht im Sommer die Floße auf Europas längster Floßrutsche das Wehr herunter sausen. Zurück geht es auf demselben Weg, nur diesmal leider bergauf.

Tipp:
Baden in der Isar beim Bruckenfischer, Kloster Schäftlarn (Biergarten und Kloster)

Ein prächtiges Vogelhaus gleich neben der Floßrutsche.

Gasthaus zur Mühle

So leer findet man den Biergarten nur Frühmorgens vor.

Alternative ohne Steigungen mit Inline-Skates Will man einen beschaulichen Sonntagsausflug ohne Höhenmeter unternehmen, so fährt man von Straßlach weiter Richtung Süden bis zur Abzweigung, die nach rechts in Richtung Schäftlarn leitet. Man überquert den Isarkanal und parkt gleich rechts auf dem Wanderparkplatz gegenüber dem »Gasthaus zum Bruckenfischer«. Über die Kanalbrücke geht man zurück ans östliche Ufer und folgt nun für zweieinhalb Kilometer – zu Fuß oder mit Inline-Skates – der asphaltierten (für Autos gesperrten) Straße nach Norden zum Gasthaus zur Mühle.

Zu Fuß bietet es sich an, nach der Einkehr über das Wehr auf die andere Kanalseite zu wechseln und nun westlich des Kanals auf einem Schotterweg zurück zum Auto zu spazieren.

Alternative ohne Steigungen mit Fahrradanhänger Für ausdauernde Inline-Skater oder Eltern mit Fahrradanhänger lässt sich die Tour bis nach Wolfratshausen erweitern. Man parkt an der Brücke beim Isarkanal in Wolfratshausen und startet beim Biergarten »Aujäger« (kleiner Spielplatz).

Auf der durchgängig geteerten Straße – egal ob rechts oder links – geht es bis zum Bruckenfischer und dann weiter zum Gasthaus zur Mühle.

Wandervergnügen bei schönstem Wetter.

Ammergebirge

5 Drehhütte

Zum Kinderspielparadies über dem Forggensee

■ **Anfahrt:** Von München kommend über Starnberg und Weilheim stets Richtung Schwangau. Über die Romantische Straße von Trauchgau weiter Richtung Schwangau/Füssen und einen Kilometer nach dem Campingplatz Bannwaldsee links abbiegen und dem braunen Wegweiser »Drehhütte – Rohrkopfhütte« bis zum Parkplatz folgen.
■ **Gehzeit:** 80 Min.
■ **Höhe:** 1250 m
■ **Höhenunterschied:** 370 m
■ **Gipfel:** Tegelberg (1730 m), Buchenberg (1142 m)
■ **Anforderungen:** Leichte, gut zu schiebende Tour auf der asphaltierten Forststraße.
■ **Rolli:** Geeignet, aber mit einigen Höhenmetern
■ **Rodel:** Gut geeignet
■ **Einkehr:** Drehhütte, ganzjährig geöffnet, Montag und Dienstag Ruhetag, Tel. 08362/8585, E-Mail: info@drehhuette.de, www.drehhuette.de
■ **Karte:** Topographische Karte 1:50 000, Blatt Werdenfelser Land (BLVA)
■ **Informationen:** Tourist Information Schwangau, Münchener Str. 2, 87645 Schwangau, Tel. 08362/ 8198-0, Fax 08362/8198-25, E-Mail: info@schwangau.de, www.schwangau.de

Die ehemalige Holzfäller-Unterkunft ist heute eine stattliche, leicht erreichbare Berggaststätte, die eine große Auswahl an Spielmöglichkeiten für die Kinder bietet – sogar einen Trampolin.

Vom Parkplatz Berghausstraße – früher bekannt als »Adlerhorst« und heute Bildungszentrum »Outwardbound« – geht es auf der geteerten Straße geradeaus bergauf. Der Asphalt unter den Sohlen bleibt bis zur Hütte erhalten, und so schiebt es sich auf diesem Untergrund auch leichter als auf anderen Wegen. Schloss Neuschwanstein zu Füßen des Tegelberges war schon beim Abzweig von der Romantischen Straße in die Zufahrt zum Parkplatz zu sehen – es ist während der Wanderung leider nicht mehr zu erspähen. Dafür entschädigt der Blick auf den Bannwaldsee und den größeren Forggensee im Hintergrund.

Die Hütte, kurz vor dem Ende der Straße auf der linken Seite, kann man nicht verfehlen. Die Einkehr wird für die Eltern mit Kleinkindern entspannt, da für die Kids neben einem Sandkasten und einem Trampolin auch ein Kletterhaus und eine Wippe bereitstehen. Der Abstieg erfolgt wieder auf demselben Weg.

Alternative ohne Kinderwagen Wer zwei Stunden Zeit für den Aufstieg einplant, kann auch eine schöne Rundtour vom Parkplatz aus unternehmen. Nach rechts geht man zunächst zur Talstation der Tegelbergbahn und steht nun vor der Wahl, die Höhenmeter mit der Bahn oder zu Fuß zu bezwingen, da man auch von

Tipp: Schwangau (Baden, Sommerrodelbahn, Königsschlösser)

der Bergstation zur Drehhütte absteigen kann. Diese Alternative führt von der Talstation über den für Kinder abwechslungsreichen Naturlehrpfad »Schutzengelweg« und folgt stets der Beschilderung zur Drehhütte. Zurück zum Auto geht es dann auf direktem Weg über die Teerstraße.

Nach der Tour ist neben eines Besuchs der Königsschlösser Neuschwanstein und Hohenschwangau auch ein Abstecher zu den Burgruinen Eisenberg möglich. Füssen mit seiner historischen Altstadt oder die bei Kindern beliebte Sommerrodelbahn am Tegelberg laden ebenso zu ein wie der Forggensee. Bei schlechtem Wetter wartet die Kristalltherme in Schwangau auf die kleinen Besucher. Nicht allzu weit entfernt sind die prächtige Wieskirche oder das Legoland bei Günzburg weitere Familienziele.

Die Drehhütte hat einen tollen Spielplatz.

Ammergebirge

6 Kolbenalm

Variable Hüttenwanderung über Oberammergau

- **Anfahrt:** Autobahn München – Garmisch (A 95) bis zum Autobahnende in Eschenlohe, weiter über die Bundesstraße Richtung Garmisch. In Oberau rechts nach Oberammergau. In Oberammergau zum Bahnhof und 150 m nordwestlich auf dem Kolbenlift-Parkplatz P6 parken.
- **Gehzeit:** 40 bzw. 100 Min.
- **Höhe:** 1040 m
- **Höhenunterschied:** 170 m
- **Gipfel:** Pürschling (1566 m)
- **Anforderungen:** Leichte Tour auf guter Asphalt- und Schotterstraße.
- **Rolli:** Geeignet
- **Rodel:** Gut geeignet
- **Einkehr:** Kolbenalm, ganzjährig geöffnet, Tel. 0 88 22/6 36, E-Mail: lenz@kolbenalm.de, Internet. www.kolbenalm.de
- **Karte:** Topographische Karte 1:50 000, Blatt Werdenfelser Land (BLVA)
- **Informationen:** Oberammergau Tourismus, Eugen-Papst Str. 9a, 82487 Oberammergau, Tel. 0 88 22/92 31-0, Fax 0 88 22/92 31-90, E-Mail: info@oberammergau.de, www.oberammergau.de

Seit 1993 bewirtschaftet Familie Gröbmüller nun schon die Kolbenalm unter der Felswand des Brunnberg (1529 m). Für die Tour von Oberammergau kann man entweder in kurzen 40 Minuten oder ausgedehnten 100 Minuten aufsteigen.

Vom Parkplatz läuft man zurück zur Hauptstraße und nach rechts zum Bahnhof. Kurz nach dem Bahnhof an der Ammer geht es vor der Brücke nach rechts und stets am Uferweg flussaufwärts. Vorbei an einem »Tierpark« mit Gänsen und Ziegen erreicht man einen kleinen Spielplatz, der zu einer Spielpause zwingt.

Kurze Variante Gleich nach dem Spielplatz führt die König-Ludwig-Straße von links über die Ammerbrücke. Für eine kürzere Tour folgt man dieser nach rechts und bald leicht ansteigend abermals nach rechts. Kurz vor deren Ende biegt man links in den Kofelauweg und folgt dieser gleich wieder nach rechts. Nun geht es erträglich auf Asphalt immer gerade bergan, die Alm ist schon über den Wiesen zu sehen. Im Wald wird der Weg zu einer Schotterstraße und nach zwei weiteren Kehren ist die Kolbenalm auch schon erreicht.

Lange Variante Wer etwas mehr Zeit mitbringt und sich nicht nur auf Wegen über zwei Metern Breite aufhalten will, folgt dem Uferweg

Auf der urigen Terrasse gibt es allerhand zu entdecken.

24

bis dieser unter der B 23 hindurchführt. Weiter geht's nach rechts Richtung »Kofel, Grottenweg« und über den Parkplatz, an dessen Ende links bergauf der schmälere Grottenweg startet. Nach ein paar Metern Anstieg mündet von links ein schmales Weglein von Ettal in den Weg dieser Tour. Diesem bestens gewarteten Pfad folgend geht es bis zu einer querenden Asphaltstraße. Weiter wandert man der Straße links bergauf in den Wald, der Weg wird zur Schotterstraße und nach zwei weiteren Kehren ist die Kolbenalm schon erreicht.

Nach der Einkehr, bei der die Kleinen sicherlich die reich dekorierte Alm genauer inspizieren, geht es zunächst wieder auf der bekannten Schotterstraße zurück. Beim Austritt aus dem Wald und sobald die Straße wieder mit einer Asphaltschicht bedeckt ist, geht es beim Wegweiser nach links zur »Talstation Kolbenlift«. Der Weg entlang des Kolbenbachs bis zur Talstation des Lifts ist romantisch und lädt zum Spielen ein. Die Engstelle kurz vor Ende dieses Weges beim Kolbenlift kann man rechts über die Wiesen umgehen. Über die Asphaltstraße bergab erreicht man den Parkplatz.

Blick von der Kolbenalm nach Oberammergau.

Tipp:

Oberammergau (Minigolf, Bad), Garmisch (Schwimmbad, Bergbahnen, Klamm, Burgruine Werdenfels, Bungeetrampolin, Reptilienausstellung, Minigolf, Sommerrodelbahn, Reiten)

Ammergebirge

7 Hörnle-Hütte

Anstrengende Tour zum Gipfel über Bad Kohlgrub

- **Anfahrt:** Autobahn München – Garmisch (A 95) bis Ausfahrt Murnau. Weiter durch Murnau, stets den Wegweisern nach Oberammergau/ Bad Kohlgrub folgen. In Bad Kohlgrub kurz vor dem Ortsende nach links in die Badstraße, weiter durch die Fallerstraße bis zum gebührenpflichtigen Parkplatz an der Hörnle-Bahn (Schild).
- **Gehzeit:** 100 Min.
- **Höhe:** 1386 m
- **Höhenunterschied:** 530 m
- **Gipfel:** Vorderes Hörnle (1490 m)
- **Anforderungen:** Anstrengende, lange Tour auf guter Forststraße.
- **Rolli:** Nicht geeignet
- **Rodel:** 4,5 km Rodelbahn im Winter
- **Einkehr:** Hörnle-Hütte, Betriebsurlaub im November, Tel. 0 88 45/2 29
- **Karte:** Topographische Karte 1:50 000, Blatt Werdenfelser Land (BLVA)
- **Informationen:** Kur- und Tourist-Information Bad Kohlgrub, 82433 Bad Kohlgrub, Tel. 0 88 45/74 22–0, Fax 0 88 45/74 22–44, E-Mail: info@bad-kohlgrub.de, www.bad-kohlgrub.de

Kinder fahren lieber mit der Bahn als beschwerlich zu Fuß zu laufen.

Die Hörnle-Hütte (1911 erbaut), eine Berghütte der DAV Sektion Starnberg auf der Nordwestseite des Hörnles, gehört zu den wenigen ganzjährig bewirtschafteten Alpenvereinshütten.

Links an der Talstation der Hörnlebahn geht es vorbei zum zweiten Parkplatz, auf den man am Wochenende wegen des Besucheransturms ohnehin ausweichen muss. Beim Skilift führt der Weg erst nach Westen durch den Wald. Schon bald tritt man wieder aus diesem heraus und stößt auf einen Pfad, dem man links leicht bergan folgt. Es geht nun abermals unter der Hörnlebahn hindurch, der Abzweig zum Gipfel nach rechts bleibt unbeachtet. Stets der breiten Forststraße und der Beschilderung »Forststraße« folgend geht es bergauf. Diese Tour ist eine echte Wanderung und so muss der Kinderwagen stetig bergauf gestemmt werden. Nach über einer Stunde zweigt der Weg rechts zum letzten, nochmals sehr steilen Anstieg zur Hörnle-Hütte ab. Zwischen Vorderem Hörnle und Hörnle-Hütte ist der höchste Punkt der Tour erreicht, nach einer weiteren Minute das Ziel. Da man dieses auch – etwas leichter – mit der Bahn erreichen kann, ist man hier zwar nicht ganz allein, aber dafür hat man die

Tipp:
Bad Kohlgrub (Minigolf), Unterammergau (Sommerrodelbahn), Schwangau (Therme, Schloss Neuschwanstein)

bewundernden Blicke für die vollbrachte Leistung auf seiner Seite. Nach diesem schweißtreibenden, langen Anstieg können Mitglieder den Alpenvereinsrabatt voll ausnutzen und zur Regulierung des Flüssigkeitshaushaltes gleich mehrere Bergsteigergetränke bestellen.
Ein kurzer Abstecher zum Gipfelkreuz zwischen Hütte und Bergstation des Sesselliftes steht nach der Rast natürlich noch auf dem Programm, um bei gutem Wetter die Aussicht bis zum Ammersee und Starnberger See zu genießen.
Zum Abstieg folgt man dem Weg südlich an der Hütte vorbei Richtung Westen. Dieser führt zunächst über die Skipisten leicht bergab. Im weiteren Verlauf geht es nicht über den Winterweg weiter nach Westen, sondern man folgt der Forststraße nach rechts zurück zum Forststraßen-Anstiegsweg. Auf diesem geht es zurück ins Tal zum Parkplatz.
Weniger anstrengende Alternative Ohne einen Tropfen Schweiß zu vergeuden erreicht man die Hörnle-Hütte auch mit der Bergbahn und kann oben eine kleine Tour (ca. 30 Minuten) zum Vorderen Hörnle unternehmen.

Ausblick vom Vorderen Hörnle.

Ammergebirge

8

St. Martin

Über den Kellerleitensteig vom Pflegersee nach St. Martin

■ **Anfahrt:** Autobahn München – Garmisch (A 95) bis zum Autobahnende in Eschenlohe, weiter über die Bundesstraße nach Garmisch. Nach dem Farchant-Tunnel rechts Richtung Fernpass. Am Ortsanfang von Garmisch rechts in die Hörmannstraße abbiegen und leicht rechts bergauf bis zum Parkplatz am Pflegersee.
■ **Gehzeit:** 50 Min.
■ **Höhe:** 1028 m
■ **Höhenunterschied:** 180 m
■ **Gipfel:** Königstand (1453 m), Kramerspitz (1985 m)
■ **Anforderungen:** Leichte Tour über den Höhenweg
■ **Rolli:** Nicht geeignet
■ **Rodel:** Rodeln nur auf der Forststraße möglich
■ **Einkehr:** St. Martin, ganzjährig geöffnet, kein Ruhetag, Tel. 0 88 21/49 70, E-Mail: info@martinshuette-grasberg.de, www.martinshuette-grasberg.de; Berggasthof Pflegersee, ganzjährig geöffnet, kein Ruhetag, Tel. 0 88 21/27 71, E-Mail: info@pflegersee.com, www.pflegersee.com
■ **Karte:** Topographische Karte 1:50 000, Blatt Werdenfelser Land (BLVA)
■ **Informationen:** Garmisch-Partenkirchen-Tourismus, Richard-Strauss-Platz 1a, 82467 Garmisch-Partenkirchen.

Schon König Max II. genoss von hier den Ausblick übers Landl – vom Wank (links) über die Alpspitze bis zur Zugspitze (rechts) – und bezeichnete St. Martin am Kramer als den schönsten Platz im Werdenfelser Land.

Der Pflegersee unterhalb des mächtigen Königsstands wird erst nach der Tour besucht, zunächst wird gewandert. Beim ersten Parkplatz auf der linken Seite beginnt der Kellerleitensteig und ein Schild weist schon hier zum »Berggasthof St. Martin«. Der Kellerleitensteig ist für Familien mit Kinderwagen ideal, da kaum Höhenmeter zu überwinden sind. Zudem kommt man auf diesem Höhenweg dem Berggasthof ohne Anstrengung schon sehr nahe, bevor es erst am Ende der Tour auf der Forststraße ein wenig steiler wird.

Der Weg führt etwas abseits des Pflegersees zunächst sanft bergan. Gleich zu Beginn der Tour bietet sich der schönste Ausblick, auf der weiteren Strecke verdecken Bäume die Sicht. Sehr sanft, unbeschwerlich und einigermaßen ungefährlich geht es über mehrere

Tiefblick auf Garmisch-Partenkirchen.

St. Martin

Brücken stets nach Westen. Die Wegweiser nach St. Martin informieren zwischendurch über die verbleibenden Gehminuten bis nach St. Martin. Der kleine Weg, der links von Garmisch heraufkommend in unseren Höhenweg mündet, wird ignoriert. Es geht weiter bis an die breite Forststraße, die weniger romantisch und etwas steiler in einigen Serpentinen nach rechts direkt bis zur Hütte führt.

Die Sonnenterrasse rund um die Hütte lädt zu Kuchen und kühlen Getränken ein – bei bester Sicht über ganz Garmisch-Partenkirchen. Der Rückweg erfolgt auf demselben Weg zum Parkplatz, wo die Kleinen schließlich den Pflegersee erkunden können, während Mama und Papa im Berggasthof Pflegersee eine weitere Rast einlegen.

Die größeren Kinder klettern während die Eltern gemütlich rasten.

Alternative im Winter Da der Kellerleitensteig im Winter wegen Lawinengefahr gesperrt ist, muss ein Alternativweg gewählt werden: mit dem Auto nicht in die Hörmannstraße fahren, sondern durch die Burgstraße, bei der ersten Kreuzung nach der Kirche in die Fürsten-, dann links in die Lazarettstraße, rechts abbiegen und schließlich links durch die Brauhausstraße bis zur Bayernhalle. Vom Parkplatz führt der Kramerplateauweg in einer Stunde (beschildert) zur Hütte. Vorsicht vor Rodlern!

Tipp:
Garmisch (Schwimmbad, Bergbahnen, Klamm, Burgruine Werdenfels, Bungeetrampolin, Reptilienausstellung, Minigolf, Sommerrodelbahn, Reiten)

Saftige Wiesen, im Hintergrund die Zugspitze.

Wetterstein

9

Neuneralm

Schöne Rundtour abseits der Zugspitz-Touristen

■ **Anfahrt:** Autobahn München – Garmisch (A 95) bis zum Autobahnende in Eschenlohe, weiter über die Bundesstraße nach Garmisch. Nach dem Farchant-Tunnel rechts zum Ortsteil Garmisch und stets Richtung Grainau und Fernpass. Von der B 23 links nach Grainau abbiegen und in Grainau links nach Obergrainau. Geradeaus durch den Ort und dann nach links zum ausgeschilderten Parkplatz gegenüber des großen Kurhauses.
■ **Gehzeit:** 110 Min.
■ **Höhe:** 880 m
■ **Höhenunterschied:** 150 m
■ **Gipfel:** Zugspitze (2962 m)
■ **Anforderungen:** Sehr schöne und leichte, aber etwas längere Tour.
■ **Rolli:** Aufgrund der Länge weniger geeignet.
■ **Rodel:** Im Winter den Abstiegsweg als Aufstieg verwenden.
■ **Einkehr:** Neuneralm, Donnerstag Ruhetag
■ **Karte:** Topographische Karte 1:50 000, Blatt Werdenfelser Land (BLVA)
■ **Informationen:** Kurverwaltung und Tourist-Information Grainau, Parkweg 8, 82491 Grainau, Tel. 0 88 21/9 81 85, Fax 0 88 21/98 18 55, E-Mail: info@grainau.de, www.gainau.de

Der Weg von Grainau über den Badersee (766 m) zur Neuneralm ist im ansonsten touristisch stark frequentierten Gebiet rund um die Zugspitze angenehm ruhig.

Vom Parkplatz geht es zunächst kurz auf der Anfahrtsstraße zurück und nach dem Freibad – mit nettem Kleinkinderbecken – links auf den zum »Musikpavillon« beschilderten Rad- und Fußweg. Am Musikpavillon vorbei und rechts um die Kurve ist bald die Hauptstraße (Waxensteinstraße) erreicht. Weiter ein paar Meter nach rechts und gleich wieder links zum Bahnhof wird anschließend die Zugspitzbahn rechts passiert. Nach wenigen Metern zweigt rechts ein Weg mit der Beschilderung »Badersee« ab, der leicht bergauf führt. Idyllisch windet sich der Weg durch die Hinterbühl-Wälder bis zum Badersee (nach etwa 15 Minuten). Gegen den Uhrzeigersinn geht man um den See und setzt nach dem Hotel auf der gegenüberliegenden Seite bei einem kleinen Spielplatz den Weg durch den Wald fort. Um die Tennisplätze herum geht es zu einer breiteren Forststraße, der man nach rechts Richtung »Eibsee« folgt. Der Weg führt durch ein Gatter, rechts um ein eingezäuntes Grundstück herum und schließlich über die Wiesen zur Asphaltstraße zum Eibsee. Diese wird überquert, man geht auf dem Parkplatz nach links und folgt dem Schild »Neuneralm«. Die Asphaltstraße wird nochmals überquert, um über einen kaum erkennbaren Weg neben der Straße zur breiten Forststraße zu gelangen, die nach links über die Gleise in den Wald führt. Stets der Forststraße folgend werden die letzen verbliebenen Höhenmeter überwunden. Leicht bergab führt der Weg schließlich direkt zur Neuneralm.

Nach der Einkehr marschieren Eltern und Kinder entlang des schmalen Asphaltwegs direkt von der Neuneralm geradeaus bergab. Der Weg mündet in eine etwas breitere Straße, der man rechts bergab folgt. Nach

wenigen Metern zweigt rechts der Schotterweg »Fußweg Grainau« ab, dann geht's gleich wieder links auf den mit »Grainau« beschilderten Pfad durch den Bachgraben bergab. Nach wenigen Metern ist wieder die Asphaltstraße erreicht und man folgt dieser nun bergab bis zum Stoppschild in Grainau. Nach links gelangt man wieder zu den Gleisen der Zugspitzbahn, die man überquert. Nach der Sparkasse geht's nach rechts zurück zum Musikpavillon und zum Parkplatz, wo die Kleinen noch einen Spielplatz und einen Bach erkunden können, während die Eltern den Kinderwagen im Auto verstauen.

Ist die Neuneralm erreicht, ist ein Großteil der Tour geschafft.

> **Tipp:**
> Grainau (Schwimmbad, Minigolf), Garmisch (Schwimmbad, Bergbahnen, Klamm, Burgruine Werdenfels, Bungeetrampolin, Reptilienausstellung, Minigolf, Sommerrodelbahn, Reiten)

Wetterstein

10

Hämmermoosalm

Rundtour im schönen Gaistal bei Leutasch

■ **Anfahrt:** Autobahn München – Garmisch (A 95) bis zum Autobahnende in Eschenlohe und weiter über die Bundesstraße nach Partenkirchen und auf der B2 nach Mittenwald. Nun hoch Richtung Leutasch und bis zum Ortsteil Platzl. Hier rechts zum Ortsteil Klamm und ein kurzes Stück in das Gaistal bis zum gebührenpflichtigen Parkplatz 5 Salzbach am Ende der Straße.
■ **Gehzeit:** 40 Min.
■ **Höhe:** 1417 m
■ **Höhenunterschied:** 170 m
■ **Gipfel:** Predigtstuhl (2234 m)
■ **Anforderungen:** Leichte Kurztour im schönen Gaistal.
■ **Rolli:** Nicht geeignet
■ **Rodel:** Sehr gut geeignet
■ **Einkehr:** Hämmermoosalm Anfang/Mitte Mai bis Ende Oktober und Mitte Dezember bis Ende März bewirtschaftet, Montag Ruhetag, Tel. 00 43/52 14/69 55, haemmermoosalm@aon.at
■ **Karte:** Topographische Karte 1:50 000, Blatt Werdenfelser Land (BLVA)
■ **Informationen:** Gemeinde Leutasch, Kirchplatz 128a, A-6105 Leutasch, Tel. 0 52 14/62 05, Fax: 0 52 14/60 06, E-Mail: gemeinde@leutasch.tirol.gv.at, Internet: www.leutasch.at

Schöne Rundtour durchs Gaistal entlang der Leutascher Ache zur Hämmermoosalm (1417 m). Da wir auf 1250 Metern starten sind die Höhenmeter kein Hindernis für eine Kinderwagentour.

Vom letzten Parkplatz an der Mautstraße im Gaistal folgen wir der breiten Forststraße. Die Infotafel verrät uns, welche Hütten geöffnet oder geschlossen sind. Dann geht's weiter bergan über eine Brücke. Wir folgen dieser Straße um die Rechtskurve bis zu einem großen, unübersehbaren Schild, das uns nach rechts auto- und „staubfrei" auf den Ganghoferweg leitet. Die nächsten 150 Meter werden nun etwas beschwerlicher, da es ordentlich bergauf geht, was besonders im Winter schnell zu viel werden kann. (Alternativ geht man unten auf der Forststraße noch ein wenig weiter bis ein Abzweig der Forstraße nach rechts abermals zur Hämmermoosalm führt.) Nach ein paar Serpentinen ist das Schlimmste jedoch geschafft und wir gehen weiter nach Westen auf dem Ganghoferweg-Höhenwanderweg. Diesem folgen wir nun stets geradeaus und lassen auch den beschilderten Wiesenweg, der nach rechts zur Hämmermoosalm führt, wegen Unfahrbarkeit (für Kinderwagen-Eltern) unbeachtet liegen. Erst wenn eine breite Fortstraße unseren Weg kreuzt folgen wir dieser nach rechts wieder etwas steiler bergan. Ohne weitere Verzweigungen geht es nun direkt zur Hämmermoosalm.

Hämmermoosalm

Im Sommer wartet auf die Kleinsten ein Sandkasten gleich vor der Hütte und im Winter die wärmende Stube – zu jeder Jahreszeit mit leckerem Kaiserschmarrn.

Zurück geht es nun – so man nicht noch weiter ins Gaistal zu einer der zahlreichen Hütten wandern will – stets auf der Forststraße vor der Hütte geradeaus bergab, was insbesondere im Winter eine tolle Rodelpartie zurück zum Auto ermöglicht. Zu Fuß folgt man dieser Straße, bis sie unten im Gaistal in die Forststraße, die von rechts von der Ehrwalder Alm kommt, mündet und geht weiter nach links zurück bis zum Parkplatz.

Hier am Parkplatz kann man im Sommer nach der Wanderung noch einige Zeit am Bach auf der kleinen Kiesbank unterhalb des Toilettenhäuschens spielen und verweilen, bevor es mit dem Auto wieder zurück geht.

Alternativ: Für eine längere Tour Wer die Tour noch etwas verlängern will, kann auch schon einen der unteren Parkplätze 1–4 wählen und auf dem schönen Weg auf der anderen Seite der Leutascher Ache aufsteigen. Dieser mündet dann in der ersten, oben beschriebenen Rechtskurve nach dem Parkplatz 5 in die Gaistal-Forststraße.

Spielgelegenheit am Bach neben dem Parkplatz.

> **Tipp:**
> Wallgau (Klettergarten), Krün (Badeparadies Grubsee mit Wasserrutsche und Bootsverleih), Mittenwald (Klamm, Erlebnisbad), Garmisch (Schwimmbad, Bergbahnen, Klamm, Burgruine Werdenfels, Bungeetrampolin, Reptilienausstellung, Minigolf, Sommerrodelbahn, Reiten)

Das mächtige Wettersteingebirge thront hoch über der Hämmermoosalm.

Wetterstein

11

Partnachalm und Kochelberg-Alm

Almenrunde über Garmisch

■ **Anfahrt:** Autobahn München – Garmisch (A 95) bis zum Autobahnende in Eschenlohe und weiter nach Partenkirchen und Richtung Mittenwald. Am Ende von Partenkirchen rechts zum Olympia-Skistadion und dort zwischen Stadion und Sommerrodelbahn parken.
■ **Gehzeit:** 110 Min.
■ **Höhe:** 983 m
■ **Höhenunterschied:** 260 m
■ **Gipfel:** Kreuzjoch (1719 m)
■ **Anforderungen:** Tour mit nur wenigen steilen Passagen.
■ **Rolli:** Nicht geeignet
■ **Rodel:** Im Winter Abstiegsweg als Aufstieg
■ **Einkehr:** Kochelberg-Alm, geöffnet von 1. Dezember bis 1. November, Dienstag Ruhetag, Tel. 0 88 21/5 66 62; Partnachalm, ganzjährig geöffnet, Donnerstag Ruhetag, Tel. 0 88 21/26 15, E-Mail: Braun@Partnach-Alm.de, www.partnach-alm.de
■ **Karte:** Topographische Karte 1:50 000, Blatt Werdenfelser Land (BLVA)
■ **Informationen:** Garmisch-Partenkirchen-Tourismus, Richard-Strauss-Platz 1a, 82467 Garmisch-Partenkirchen, Tel. 0 88 21/18 07 00, Fax 0 88 21/18 07 55, E-Mail: tourist-info@gapa.de, www.garmisch-partenkirchen.de

Vom Skistadion – dem Austragungsort der Olympischen Winterspiele 1936 sowie des alljährlichen Neujahrsspringens im Rahmen der Vierschanzentournee – geht es abseits der Touristenströme über die Kochelberg- zur Partnachalm.

Vom Parkplatz durch die Auenstraße geht es vorbei am historisch anmutenden Eckbauer-Lift zum Skistadion (mit der 2007 neu errichteten großen Sprungschanze) zur Wildenauer Straße, die von rechts über die Gleise kommend nach links zur Partnachklamm führt. Nach der Straßenüberquerung spaziert man in den kleinen Weg Richtung »Grainau, Eibsee«, der wenige Meter neben den Gleisen beginnt. Immer an den Gleisen entlang wird zunächst die Partnach überquert, dann folgt man der Kochelbergstraße weiter geradeaus. Weiterhin der Straße an den Gleisen entlang geht es bald durch eine leichte Linkskurve stets nach Westen. Links ist der pyramidenförmige Gipfel der Alpspitze (2628 m) in Sicht, rechts daneben der Zwölferkopf (2277 m), hinter dem sich die Zugspitze versteckt. Den Pferdeweg-

Partnachalm und Kochelberg-Alm

Abzweig über einen Wiesenpfad lässt man mit Kinderwagen lieber aus und geht noch ein wenig an den Gleisen entlang weiter, bis bei einer Infotafel ein Wegweiser »Kochelbergalm« nach links in die Kochelbergstraße weist. Der Weg P3 führt nun geradeaus in den Wald und ordentlich bergauf. In einer Schotterkehre weist ein Schild den Weg P3 über den Bach nach rechts. Da dieser Pfad mit seinen zahlreiche Stufen jedoch nicht für den Kinderwagen geeignet ist, geht es weiter auf der breiten Schotterstraße. Schon bald leitet ein Schild nach links zur Kochelbergalm – von den Einheimischen auch »Mudlalm« genannt –, welche nach wenigen Metern erreicht ist.

Die in der Nähe gelegene Petersbad-Quelle – eine kleine, schwefelhaltige Quelle – ist der Namenspatron des kleinen Weilers. Die 1951 angelegte Fontäne im Weiher sowie die vielen Tiere rund um die Alm beeindruckt die Kinder. Nach einer eventuellen Rast geht es gegen den Uhrzeigersinn um den Weiher herum auf den mit nur wenigen Holzbalken befestigten Weg, der nach weiteren etwa 20 Minuten nun schattig, aber weiterhin steil an eine Asphaltstraße führt. Man folgt der Straße mit erneut steilen Passagen nach rechts und erreicht in etwa 25 Minuten die Partnachalm. Nach der Einkehr mit Blick auf das Wettersteingebirge im Süden geht es auf der Asphaltstraße zurück. Stets dieser folgend erreicht man eine breite Asphaltstraße im Tal, von der es nach links über die Partnach-Brücke zurück zum Skistadion geht.

Tipp:
Garmisch (Schwimmbad, Bergbahnen, Klamm, Burgruine Werdenfels, Bungeetrampolin, Reptilienausstellung, Minigolf, Sommerrodelbahn, Reiten)

Die idyllisch gelegene Kochelberg-Alm.

Wetterstein

12 Gamshütte

Zur ausgestopften Gams mit Panoramaaufstieg

■ **Anfahrt:** Autobahn München–Garmisch (A 95) bis zum Autobahnende in Eschenlohe und weiter über die Bundesstraße nach Garmisch. Im Ortsteil Partenkirchen weiter Richtung Mittenwald. Am Rathausplatz biegt man links in die Ludwigstraße ab, aus der man abermals links in die Sonnenbergstraße, die in die Professor-Michael-Sachs-Straße und schließlich in die Hasentalstraße übergeht, abbiegt. Hier ist am Ende eine eingeschränkte Parkmöglichkeit.
■ **Gehzeit:** 1 Std. 20 Min.
■ **Höhe:** 998 m
■ **Höhenunterschied:** 280 m
■ **Gipfel:** Wank (1774 m)
■ **Anforderungen:** Längere, im Winter eventuell in der Schlucht vor der Gamshütte eisige Tour auf felsigem Untergrund.
■ **Rolli:** Nicht geeignet
■ **Rodel:** Schöne Rodelstrecke, die bei Auf- und Abstieg sowohl auf- als auch abwärtsgeht.
■ **Einkehr:** Gamshütte, ganzjährig geöffnet, Tel. 0 88 21/34 57.
■ **Karte:** Topographische Karte 1 : 50 000, Blatt Karwendelgebirge (BLVA).
■ **Informationen:** Garmisch-Partenkirchen-Tourismus, Richard-Strauss-Platz 1a, 82467 Garmisch-Partenkirchen.

Die idyllische Gamshütte begeistert schon beim Aufstieg mit traumhaften Panoramablicken über Wetterstein und Zugspitze. Innen ist die ausgestopfte Gams, die der Hütte ihren Namen gibt.

Der nicht immer flache Aufstieg beginnt links der Wiesen, die hier bis an den Ortsrand von Garmisch-Partenkirchen reichen. Man geht auf der kleinen Teerstraße bis zu einem Gatter und folgt dem Wanderweg stets der Beschilderung Gamshütte bergauf. Die Schotterstraße etwas rechts führt ebenfalls zur Gamshütte, ist jedoch nicht so schön und sonniger. Der Weg mündet später an diese Schotterstraße und man folgt ihr nach links weiter bergauf. Nach einer scharfen Kehre (nicht geraeaus laufen) wird der Weg zunächst etwas lichter und schon bald erreicht man nach einer weiteren Kehre die sonnenausgesetzte, steilere Passage. Nachdem man den Kinderwagen über diesen holprigen Abschnitt gestemmt hat, geht es nun leicht bergab zur Brücke und über den Bachgraben. Nach weiteren 15 Minuten bergab erreicht man Schaukel und Rutsche passierend die Gamshütte im unteren Drittel des Wanks. Die urige und gemüt-

38

liche Hütte, bei der man gleich am Eingang von der präparierten Gams erwartet wird, lädt Sommer wie Winter zu einer leckeren Jause ein. Auf der Speisekarte fallen vor allem die zahlreichen abwechslungsreichen Salate auf. Von der Terrasse hat man einen schönen Panoramablick über das Garmischer Tal.
Der Abstieg auf der Aufstiegsroute beginnt nun leider unmittelbar an der Hütte mit einem Anstieg, der jedoch alle kulinarischen Sünden auf der Hütte fast egalisiert.

Alternative: Rundtour ohne Kinderwagen Ist man ohne Kinderwagen unterwegs, kann man den Weg bei der Hütte fortsetzen und über die Schalmerschlucht absteigen. Bei der Verzweigung wählt man den linken Weg und gelangt so nach Partenkirchen. Man folgt der Teerstraße bergab, biegt an der ersten Kreuzung links in die Professor-Michael-Sachs-Straße ein und gelangt so zum Parkplatz.

Ein Abstecher zur nahen Sommerrodelbahn beim Kainzenbad neben dem Olympiaskistadion oder eine Fahrt mit der Zahnradbahn auf den Zugspitzgipfel bereiten Kindern großen Spaß.

> **Tipp**
> Freizeitmöglichkeiten in Garmisch: Schwimmbad, Bergbahnen, Klamm, Burgruine Werdenfels, Bungeetrampolin, Reptilienausstellung, Minigolf, Sommerrodelbahn und Reiten.

Die Gamshütte – ein Sommer- und Winterziel.

Wetterstein

13

Elmauer Alm

Zu den saftigen Almwiesen über Schloss Elmau

■ **Anfahrt:** Über Garmisch oder Kochel nach Klais, dort über die Gleise Richtung Schloss Elmau und nun stets dieser Beschilderung folgen (nach den Gleisen rechts und dann wieder links). Auf der Mautstraße bis zum Wanderparkplatz am Ende fahren.
■ **Gehzeit:** 45 Min.
■ **Höhe:** 1203 m
■ **Höhenunterschied:** 191 m
■ **Gipfel:** Eckbauer (1237 m)
■ **Anforderungen:** Der Anfang der Tour auf der Asphaltstraße (mit Verkehr) ist schnell geschafft. Der Anstieg im Wald leider nicht für Kinderwagen geeignet.
■ **Rolli:** Nicht geeignet
■ **Rodel:** Nicht geeignet
■ **Einkehr:** Elmauer Alm-Hütte, nur in den Sommermonaten geöffnet.
■ **Karte:** Topographische Karte 1 : 50 000, Blatt Karwendelgebirge (BLVA).
■ **Informationen:** Garmisch-Partenkirchen-Tourismus, Richard-Strauss-Platz 1a, 82467 Garmisch-Partenkirchen, Tel. 0 88 21/ 18 07 00, Fax 088 21/ 18 07 55, E-Mail: touristinfo@gapa.de, www.garmisch-partenkirchen.de.

Die 1927 erbaute, traumhaft über Schloss Elmau gelegene Hütte liegt inmitten saftiger Almwiesen und beschert uns einen traumhaften Ausflug mit imposantem Karwendelpanorama.

Der Weg zum Aufstieg beginnt sehr unromantisch und leider auch etwas beeinträchtigt durch den Autoverkehr auf der Anfahrtsstraße. Man geht vom Parkplatz zurück zur Asphaltstraße und nun stets auf dieser von der Anfahrt bekannten Strecke vorbei an Schloss Elmau, welches heute ein Hotel beherbergt. Etwa 500 Meter vor dem Schloss wandert man links auf den geschotterten Rad- und Fußweg und zweigt nach weiteren etwa 50 Metern links auf den kleineren

Idylle pur auf der Elmauer Alm.

Elmauer Alm

ausgeschilderten Weg Richtung Elmauer Alm ab. Dieser führt zunächst über den bereits zum Spielen einladenden Drüsselgraben und bald am Zaun des einsam gelegenen Hauses entlang in den Wald. Im Wald überquert man den Bach erneut und folgt dann dem Hohlweg steil bergauf. Der Weg wird nun wieder etwas flacher und man gelangt an eine scharfe nach links führende Spitzkehre und kurz darauf an den Waldrand. Man folgt dem Weg gerade über die Almwiesen zu einer Baumgruppe. Nun geht man durch ein Gatter und nach einem weiteren kurzen Stück gelangen wir zur Alm, die man bereits im Blick hat.

Die holzbeplankte, gemütliche Terrasse vor dem kleinen, geduckten Almgebäude entlohnt für jeden beim kurzen, aber dennoch steilen Aufstieg eventuell geopferten Schweißtropfen. In dem für große Menschen zu niedrigen Almgebäude ist nicht viel Platz, aber die Sonnenterasse ist ohnehin ein Muss.

Für die Kleinen ist rings um die Almhütte ein Wiesenspielparadies wie aus dem Bilderbuch von Heidi und ihrem Peter. Hier trocknen auch die beim Aufstieg vom Spielen im Bach vollgematschten Hosen.

Der Abstieg auf der Anstiegsroute fällt nur durch die Gewissheit schwer, dass ein wunderschöner Tag zu Ende geht.

Alternative: Rundtour ohne Kinderwagen Wer den Rückweg zu einer Rundtour nutzen möchte, wählt den bereits beim Aufstieg links (beim Abstieg rechts) abzweigenden Höhenweg, der zunächst auf schmalem, dann aber bald wieder auf gutem Weg Richtung Eckbauer führt. Schließlich mündet er in eine weitere Forststraße und man folgt dieser links bergab Richtung Schloss Elmau und kommt zurück zum Wanderparkplatz.

> **Tipp**
> Freizeitmöglichkeiten in Garmisch: Schwimmbad, Bergbahnen, Klamm, Burgruine Werdenfels, Bungeetrampolin, Reptilienausstellung, Minigolf, Sommerrodelbahn und Reiten. Im Sommer Baden im Barmsee.

Wetterstein

14 Ederkanzel

Dreitälerblick auf dem Grenzstein

- **Anfahrt:** Autobahn München – Garmisch (A 95) bis zum Autobahnende in Eschenlohe und weiter über die Bundesstraße nach Partenkirchen und auf der B2 nach Mittenwald. In Mittenwald nach Leutasch. In der ersten großen Kehre parken.
- **Gehzeit:** 60 Min.
- **Höhe:** 1208 m
- **Höhenunterschied:** 270 m
- **Gipfel:** Grünkopf (1587 m)
- **Anforderungen:** Zu Beginn leichte Tour auf Teer, später steile Schotter- und Teerpassagen, daher sehr anstrengend.
- **Rolli:** Nicht geeignet
- **Rodel:** Gut geeignet (etwas steil)
- **Einkehr:** Berggasthaus Ederkanzel, Januar bis März und Juni bis September: kein Ruhetag, April, Mai, Oktober: Mittwoch Ruhetag, November bis Weihnachten: geschlossen, außer am Wochenende, Tel. 0 88 23/16 81, E-Mail: ederkanzel@mittenwald-info.de, www.ederkanzel.de
- **Karte:** Topographische Karte 1:50 000, Blatt Karwendelgebirge (BLVA)
- **Informationen:** Tourist-Information Mittenwald, Dammkarstr. 3, 82481 Mittenwald, Tel. 0 88 23/3 39 81

Bereits vor 100 Jahren wurde an dieser markanten Stelle hoch über Mittenwald ein Hochstand, später ein Aussichtsturm errichtet. Heute ist es ein beliebtes Ziel mit traumhaftem Ausblick.

In der Kehre der Straße ins Leutaschtal beginnt die Tour Richtung »Lautersee, Ferchensee, Ederkanzel« auf guter Asphaltstraße leicht ansteigend nach Westen. Nach der »Villa Kreuth 1« würde es schon nach links hoch zur Ederkanzel gehen, aber da dieser Weg mit Kinderwagen nicht zu empfehlen ist, folgt man der Asphaltstraße weiter bergan am Hotel »Drachenburg« vorbei. Von rechts mündet ein Fußweg aus Mittenwald (dort leider kaum Parkmöglichkeiten) in die Straße ein. Noch ein wenig weiter auf der Straße, auf der auch ein Bus aus Mittenwald zu den beiden Badeseen Lautersee und Ferchensee verkehrt, geht es dem leider starr eingefassten Bach entlang, bis links eine Schotterstraße steil abzweigt. Das Schild kündet eine restliche Schiebezeit von 45 Minuten bis zur Ederkanzel an. Sehr steil geht es nun auf der breiten Schotterstraße mit einigen geteerten Abschnitten nach oben, als wolle man die Höhenmeter möglichst schnell hinter sich bringen. Kurze flachere Passagen und Walderdbeeren am Wegesrand gönnen den Eltern und dem Nachwuchs willkommene Erholung. Den querenden Waldlehrpfad lässt man unbeachtet, und schiebt über das nächste und wohl steilste Stück weiter bergauf. Ist die nächste Linkskehre erreicht, hat man schon fast alle Höhenmeter überwunden. Hört man das Gegacker der Hühner und Truthähne, so sind es nur noch wenige Meter bis zur Ederkanzel. Wer sich auf die schöne, aussichtsreiche Sonnenterrasse gefreut hat, muss sich noch etwas gedulden: Zuerst wird der Spielplatz mit Rutsche, Schaukeln und Sandkasten links neben des Terrassenzugangs von den Kleinen in Beschlag genommen. Der Spielplatz ist gut von der Terrasse auf Tiroler Boden einsehbar und so

Der schöne Blick wird bei den Kindern zur Nebensache.

können Mama und Papa in Ruhe einkehren und einen kühlen Eiskaffee genießen. Hinter dem Spielplatz blickt man über das Isartal Richtung Scharnitz, rechts daneben schweift der Blick über das Leutaschtal und ganz rechts über das Ferchenbachtal.

Vor dem Abstieg stoppen die Eltern noch kurz am Wickeltisch (vor den Toiletten), womit sie wieder bayerischen Boden betreten. Denn das Haus liegt auf der deutschen Seite der Grenze, nur die Terrasse gehört zu Tirol. Auf dem bekannten Weg geht es wieder zurück.

Alternative: Mit leerem oder ohne Kinderwagen Mit schon etwas größeren Kindern, die auch mal selbst laufen, kann man zum Abstieg auch gleich zu Beginn der Schotterstraße rechts auf den kleinen Weg nach Mittenwald abbiegen. Dieser führt schön schattig durch den Wald bis zum Waldlehrpfad, welchem man nach rechts Richtung Mittenwald folgt. Dem Pfad weiter entlang erreicht man die Schießstätte an der Autostraße ins Leutaschtal, wo man nach links nach ein paar Metern wieder das Auto erreicht. Vorsicht: An einigen Stellen im oberen Teil dieses Weges muss man den Kinderwagen über Felsstufen heben!

Tipp:
Wallgau (Klettergarten), Krün (Badeparadies Grubsee mit Wasserrutsche und Bootsverleih), Mittenwald (Klamm, Erlebnisbad), Garmisch (Schwimmbad, Bergbahnen, Klamm, Burgruine Werdenfels, Bungeetrampolin, Reptilienausstellung, Minigolf, Sommerrodelbahn, Reiten)

Wetterstein

15 Korbinianhütte

Traumhafte Ausblicke auf Mittenwald und Karwendel

- **Anfahrt:** Autobahn München – Garmisch (A 95) bis zum Autobahnende in Eschenlohe, weiter über die Bundesstraße nach Partenkirchen und Mittenwald. In Klais rechts über die Gleise und gleich wieder links. Kurz vor Mittenwald folgt man der Beschilderung Kranzberglift nach rechts (bald wieder links) und folgt nun stets der Beschilderung Kranzberglift zum kostenpflichtigen Parkplatz direkt am Kranzberglift.
- **Gehzeit:** 70 Min.
- **Höhe:** 1200 m
- **Höhenunterschied:** 240 m
- **Gipfel:** Kranzberg (1391 m)
- **Anforderungen:** Leichte Tour mit grandioser Aussicht.
- **Rolli:** Nicht geeignet
- **Rodel:** Nicht geeignet
- **Einkehr:** Korbinianhütte, Freitag Ruhetag, Tel. 0 88 23/84 06; Sankt Anton, kein Ruhetag, Tel. 0 88 23/80 01
- **Karte:** Topographische Karte 1:50 000, Blatt Karwendelgebirge (BLVA)
- **Informationen:** Tourist-Information Mittenwald, Dammkarstr. 3, 82481 Mittenwald, Tel. 0 88 23/3 39 81 Fax 0 88 23/27 01, E-Mail: touristinfo@markt-mittenwald.de, www.mittenwald.de

Die schöne Rundtour am Kranzberg über Mittenwald führt zunächst zum Berggasthof St. Anton unweit der Bergstation des Kranzberg Sesselliftes. Ziel der Tour ist jedoch die etwas kleinere Korbinianhütte.

Schon am Parkplatz genießen wir die Aussicht auf Mittenwald vor der Kulisse des Karwendel-Massivs. Zunächst heißt es der Versuchung widerstehen: Der Kranzberg-Sessellift, mit dem man sämtliche Höhenmeter leicht überwinden könnte, wird ignoriert. Links der Rodelbahn und des Sessellifts befindet sich der Parkscheinautomat am Parkplatz, daran links vorbei führt der Weg mit der Beschilderung »Korbinianhütte« und »St. Anton«. Es geht gleich recht steil ein paar Meter nach oben zur Rodelbahn, wo der Fußweg in Serpentinen zur asphaltierten Anfahrtsstraße der Korbinianhütte führt. Nach der

Korbinianhütte

Straßenüberquerung folgt man weiter dem Fußweg in den Wald hinein. Kurz darauf ist eine Lichtung im Buchenwald und der Sessellift wieder erreicht. Hier geht es nun stets links des Sessellifts auf dem Pfad weiter. Bislang wird die breite Schotterstraße vermieden, auf die man jedoch nach knapp zehn Minuten erneut einmündet. Auf dieser bergauf, gelangt man zur Bergstation des Kranzberg-Sesselliftes. Jetzt könnte man noch ein wenig weiter zum Berggasthof St. Anton (1250 m) aufsteigen und den Liegestuhlverleih in Anspruch nehmen. Diese Tour wendet sich aber unmittelbar hinter der

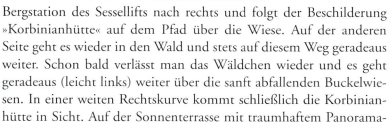

Der Berggasthof St. Anton ist von Liftfahrern stets gut besucht.

Bergstation des Sessellifts nach rechts und folgt der Beschilderung »Korbinianhütte« auf dem Pfad über die Wiese. Auf der anderen Seite geht es wieder in den Wald und stets auf diesem Weg geradeaus weiter. Schon bald verlässt man das Wäldchen wieder und es geht geradeaus (leicht links) weiter über die sanft abfallenden Buckelwiesen. In einer weiten Rechtskurve kommt schließlich die Korbinianhütte in Sicht. Auf der Sonnenterrasse mit traumhaftem Panoramablick über Mittenwald und Karwendel lässt es sich bei Kaffee und Kuchen gut aushalten.

Nach der Einkehr folgt man dem Fahrweg ins Tal, wo dieser zunächst in die Straße des Berggasthofes St. Anton mündet. Es geht nach links weiter bergab, bis zum kleinen Pfad, der vom Sessellift-Parkplatz an diese asphaltierte Straße führt. Über den Fußweg erreichen wir wieder den Parkplatz.

Tipp:
Wallgau (Klettergarten), Krün (Badeparadies Grubsee mit Wasserrutsche und Bootsverleih), Mittenwald (Klamm, Erlebnisbad), Garmisch (Schwimmbad, Bergbahnen, Klamm, Burgruine Werdenfels, Bungeetrampolin, Reptilienausstellung, Minigolf, Sommerrodelbahn, Reiten)

Bergauf könnte man auch den Lift nutzen.

Blick über Mittenwald auf das Karwendelmassiv.

Karwendel

16   Maxhütte

Die Spielplatzhütte über Wallgau

- **Anfahrt:** Autobahn München – Garmisch (A 95) bis Ausfahrt Murnau. Weiter über Kochel zum Walchensee und nach Wallgau. Kurz vor Wallgau befindet sich links ein kleiner Parkplatz.
- **Gehzeit:** 20 Min.
- **Höhe:** 1022 m
- **Höhenunterschied:** 80 m
- **Gipfel:** Fahrenberg (1074 m)
- **Anforderungen:** Leichte Kurztour
- **Rolli:** Nur bedingt geeignet
- **Rodel:** Nicht geeignet
- **Einkehr:** Maxhütte, ganzjährig geöffnet, Montag und Dienstag Ruhetag, Tel. 0 88 25/15 82, www.maxhuette-wallgau.de
- **Karte:** Topographische Karte 1:50 000, Blatt Karwendelgebirge (BLVA)
- **Informationen:** Tourist-Information Wallgau, Mittenwalder Str. 8, 82499 Wallgau, Tel. 0 88 25/ 92 50 50, Fax 0 88 25/ 9 250 66, E-Mail: tourist-information@wallgau.de, www.wallgau.de

Die leicht erreichbare Hütte ist ein ideales Familienziel. Von hier bietet sich ein traumhafter Blick über das Isartal, das Wettersteinmassiv und das Estergebirge.

Der kleine Weg beginnt direkt am Parkplatz, steigt in Serpentinen zunächst ein paar Meter an und führt weg von der Bundesstraße. Bereits nach wenigen Höhenmetern geht es nur noch sanft nach Osten durch das Isartal Richtung Vorderriß dahin. Nach etwa zehn Minuten erreicht

man die breite Forststraße, die vom alternativen Parkplatz an der Mautstraße nach Vorderriß zur Maxhütte führt. Wir folgen dieser nach links weiter bergauf und zweigen dann nochmals rechts auf den kleineren Weg ab, um die Aussicht ins Isartal und auf das Estergebirge zu genießen. Schon bald führt uns der Weg nach links über den breiteren Höhenweg zurück nach Westen, direkt zum Spielplatz neben

Schon fast historisch ist das Karussell – aber immer noch ein Renner.

48

Klein und gemütlich über dem Isartal.

der Maxhütte. Von dort ist der Nachwuchs für die nächsten ein bis zwei Stunden allenfalls noch mit Kuchen und kühlen Getränken wegzulocken. Außer den Rutschen und Schaukeln gibt es einen Sandkasten und zwei hoch im Kurs stehende Tretbagger. Highlight für die Kinder ist das alte, aber noch voll funktionstüchtige Karussell, das stundenlang dreht, solange sich ein ausdauernder Vater findet, der es von Hand antreibt.

Auf der breiten Schotterstraße vor dem Haus geht es zunächst Richtung Wallgau, bis man rechts die Abzweigung zum Parkplatz erreicht. Über die vom Anstieg bekannte Route gelangt man zurück zum Auto.

Alternative: In die Höhe Rund um Wallgau bieten sich zahlreiche Möglichkeiten, Höhenluft ohne Kinderwagen zu schnuppern. In Mittenwald lädt der Kranzberglift neben einer Wanderung zur Korbinianhütte (siehe Tour 14) zu einer Fahrt zur Kranzbergalm ein. In Garmisch sorgen die Kreuzeck- und Alpspitzbahn und am Walchsee die Herzogstandbahn für einen schnellen Aufstieg.

Alternative: Die Isar Das naturbelassene Isartal bei Wallgau und entlang der Mautstraße nach Vorderriß lädt Kinder zum Spielen und Platschen ein. Auf den Kiesbänken können sich die Kleinen stundenlang beschäftigen und ihre Dammbaufertigkeiten sowie Isarstein-Kunstwürfe perfektionieren.

> **Tipp:**
> Wallgau (Klettergarten), Krün (Badeparadies Grubsee mit Wasserrutsche und Bootsverleih), Mittenwald (Klamm, Erlebnisbad), Garmisch (Schwimmbad, Bergbahnen, Klamm, Burgruine Werdenfels, Bungeetrampolin, Reptilienausstellung, Minigolf, Sommerrodelbahn, Reiten)

Karwendel

17 Falkenhütte

Zweitagestour – nur für ausdauernde und sportliche Eltern!

- **Anfahrt:** Autobahn München – Salzburg (A 8) bis Ausfahrt Holzkirchen und weiter nach Bad Tölz und Lenggries auf der B 13 zum Sylvensteinstausee. Hier rechts auf der B 307 über Vorderriss nach Hinterriss und auf der Mautstraße bis zum Wanderparkplatz P4.
- **Gehzeit:** 300 Min.
- **Höhe:** 1848 m
- **Höhenunterschied:** 900 m
- **Gipfel:** Ladizköpfl (1920 m), Mahnkopf (2094 m)
- **Anforderungen:** Sehr lange und sehr anstrengende Zweitagestour, im letzten Abschnitt sehr steil. Nur für absolute Bergfexe.
- **Rolli:** Nicht geeignet
- **Rodel:** Nicht geeignet
- **Einkehr:** Falkenhütte, Anfang Juni bis Mitte Oktober geöffnet, Tel. (00 43) 0 52 45/2 45, www.falkenhuette.at
- **Karte:** Topographische Karte 1:50 000, Blatt Karwendelgebirge (BLVA)
- **Informationen:** Alpenpark Karwendel Service Telefon, Tel. (00 43) 0676/8 85 08 78 84, E-Mail: info@karwendel.org, www.karwendel.org

Die 1923 erbaute Falkenhütte zwischen Ladizköpfl und Laliderer Spitze im Karwendel ist Ziel einer anstrengenden Tour. Für Kleinkinder ist diese Zweitageswanderung dafür ein tolles Erlebnis!

Wie viel Kinderwagenschieben trauen Sie sich zu? Eindringlich möchte ich hier nochmal darauf hinweisen, dass es sich bei dieser Tour nicht um einen Spaziergang handelt, sondern um eine sehr lange und anstrengende Bergtour. Auch wenn diese auf einer breiten Schotterstraße zum Ziel führt, darf man die Anforderungen für eine derart lange und speziell im letzten Abschnitt steile Tour nicht unterschätzen. Die reine Schiebzeit beträgt etwa sechs Stunden und strapaziert nicht nur die Muskeln des Schiebenden, sondern auch das Sitzfleisch der Kinder. Mit Säuglingen und Kindern unter zwei Jahren sollte man besser eine andere Wanderung auswählen. Mit größeren Kindern sollte man vorab testen, ob diese es derart lange in einem Kinderwagen aushalten. Warum ist dieser Ausflug dann in diesem Buch vorgestellt? Unsere damals 22 Monate alte Tochter und unser dreieinhalbjähriger Sohn waren nach der Rückkehr von dieser Zweitagestour derart begeistert, dass sie nun bereits auf eine Wiederholung warten.

Zugang Die Hütte ist auch in nur knapp drei Stunden vom Wanderparkplatz am Ende der Mautstraße in die Eng zu erreichen, dann jedoch nicht mit Kinderwagen, was den Weg für diesen Führer disqualifiziert. Mit einem Kind in der Kraxe und einem an der Hand scheitert das Unternehmen zudem am mangelnden Stauraum, der mit Kinderwagen und Rucksack schier unbegrenzt ist.

50

Falkenhütte

Vorbereitung Der Ausflug startet genau genommen schon zu Hause: Nicht nur mit dem Einstimmen der Kinder auf eine lange, aber tolle Tour, sondern auch mit dem Packen. Ein geschälter Apfel und ein gefüllter Trinkbecher reichen dafür natürlich nicht. Zuviel einpacken sollte man jedoch auch nicht, da ja jedes Gramm auf den Berg geschoben und getragen werden muss. Eine vorherige Reservierung in der Berghütte sollte man auch nicht vergessen, damit man das Lager/Zimmer nach Wunsch erhält. Auch wenn eine Übernachtung im großen Matratzenlager die Erwachsenen eher abschreckt, für Kinder ist es ein eindrucksvolles Erlebnis.

Packliste (ohne Anspruch auf Vollständigkeit):
Diese Dinge sollten auf keinen Fall fehlen:
– Hüttenschlafsack (auch für die Kleinen)
– Warme Kleidung, da es abends und morgens auf knapp 1900 m sehr frisch werden kann.
– Ein bis zwei Liter Getränke pro Person und ausreichend Brotzeit für ein Mittagessen beim Aufstieg.
– Taschenlampen: Kinder lieben LED-Lampen im Schlüsselanhängerformat (2 € im Baumarkt).
– Natur-Spielsachen: z.B. ein Lupenglas (für Käfer, Heuschrecke, Tausendfüßler und Kaulquappe), ein Fernglas, ein Buch zur Bestimmung von Blumen und eine kleine Schaufel mit Eimer.

Aufstieg Vom Parkplatz P4 in der Eng geht es zunächst über die Brücke und den Rißbach nach Süden auf das Johannestal zu und gerade auf die für Mountainbiker gesperrte Schluchtstraße. Dieser

Eine der zahlreichen Pausen beim Aufstieg.

Eine echte Berghütte fern ab der Tagesausflügler.

folgend, geht es gleich zu Beginn ordentlich ansteigend durch die Schlucht. Der Weg führt oberhalb der Schlucht entlang, was bedeutet, dass schon jetzt eine ordentliche Steigung überwunden werden muss, welche jedoch im Vergleich zur Steigung im letzten Abschnitt oberhalb der Ladiz-Alm noch als leicht einzustufen ist. Malerisch geht es nun durch die Schlucht, bis ein großer Felsen mit Totenkopf (der wohl die Mountainbiker abschrecken soll?) und eine breitere Forststraße erreicht ist, der man geradeaus weiter folgt. Für die kommenden circa 300 Höhenmeter geht es nun stets auf der Forststraße in Richtung kleiner Ahornboden am Johannesbach entlang. Auf halbem Weg, nach etwa weiteren 60 Minuten, zweigt links ein Weg in das Bachbett ab – ideal für eine ausgedehnte Spielpause. Vorbei an der Schwarzlacken-Hütte (1204 m) mit dem romantischen Bächlein zur Linken und ein paar Serpentinen ist eine Gabelung erreicht, an der der Weg zur Falkenhütte sowohl nach rechts, als auch nach links ausgewiesen ist. Die kinderwagenschiebenden Eltern wählen den linken Weg und folgen der »MTB-Route Falkensteinhütte«. Der kleine Ahornboden, der über den linken Weg erreichbar ist, wird mangels Sehenswürdigkeit ausgelassen. Alternativ wäre hier nach rechts der Aufstieg zum Karwendelhaus (1771) und der Übergang nach Scharnitz und Mittenwald mit Kinderwagen möglich. Nach

Falkenhütte

wenigen Metern (und leider auch verlorener Höhe) zweigt nach links durch hier meist trockene Bachbett die Schotterstraße zur Falkenhütte ab. Nach Osten geht es nun zunächst zur Ladiz Alm (1573 m), wo man inmitten weidender Kühe eine idyllische Pause am Brunnen einlegen kann. Schon von hier aus ist die Schotterstraße mit der bevorstehenden Steigung sichtbar. Sind auch diese Meter schweißtriefend überwunden, kann es eigentlich nur noch besser werden. Der linke Weg »Für Fußgänger« zur Hütte wird ignoriert, man folgt der Schotterstraße »Für Radfahrer« weiter geradeaus. Diese führt zum Spiellissjoch (1773 m), wo man auf den Weg trifft, auf dem man – ohne Kinderwagen – vom Lalidertal oder der Eng zur Hütte gelangen würde. Auf der Schotterstraße geht es über zwei letzte Kehren und nun fast lächerlich anmutende 75 Höhenmeter zur Hütte.

Die Nacht Der Schlafplatz ist schnell für die Nacht bereitet, die Hüttenschlafsäcke unter die Decken gelegt und die Taschenlampen aus dem Rucksack geholt. Zur Katzenwäsche und zum Zähne putzen geht es in den kleinen Waschraum. Da wir bereits ca. eine Stunde vor den anderen Gästen mit dem Sonnenuntergang einschlafen, bleibt das befürchtete Chaos aus und auch die Nacht stehen wir schlafend durch. Die ersten Sonnenstrahlen am nächsten Morgen machen die Kids in der Hütte zu Frühaufstehern.

Der Abstieg Zurück geht es wieder auf demselben Weg, diesmal jedoch in wesentlich kürzerer Zeit. Die fehlende Handbremse macht sich nun deutlich bemerkbar, aber nach etwa drei Stunden Gehzeit ist dieses Manko auch vergessen.

> **Tipp:**
> Sylvensteinstausee (Baden), Lenggries (Brauneck-Bergbahn, Bullcart, Freibad, Golf, Hallenbad Isarwelle, Hochseilgarten, Minigolf, Spielplatz), Bad Tölz (Freizeitbad Alpamare, Spielplatz, Minigolf, Sommerrodelbahn)

Nicht vom Matratzenlager abschrecken lassen.

Karwendel

18 Binsalm

Tour über die Eng-Alm im Naturschutzgebiet Karwendel

■ **Anfahrt:** Autobahn München – Salzburg (A 8) bis Ausfahrt Holzkirchen, weiter nach Bad Tölz und Lenggries auf der B 13 zum Sylvensteinstausee. Hier rechts auf der B 307 über Vorderriss nach Hinterriss und auf der Mautstraße bis zum Wanderparkplatz am Ende der Straße in der Eng parken.
■ **Gehzeit:** 60 Min.
■ **Höhe:** 1502 m
■ **Höhenunterschied:** 300 m
■ **Gipfel:** Lamsenspitze (2508m), Hochnissl (2546m), Sonnjoch (2457m)
■ **Anforderungen:** Leichte Forststraßentour
■ **Rolli:** Nicht geeignet
■ **Rodel:** Nicht geeignet
■ **Einkehr:** Binsalm, geöffnet von Mitte Mai bis Ende Oktober, Tel. (00 43) 0 52 45/2 14, www.binsalm.at; Oswaldhütte, geöffnet Anfang Mai bis Ende Oktober, Tel. 0 80 45/2 72; Rasthütte Eng-Alm, geöffnet Anfang Mai bis Ende Oktober, Tel. (00 43) 0 52 45/2 26, E-Mail: info@engalm.at, www.engalm.at
■ **Karte:** Topographische Karte 1:50 000, Blatt Karwendelgebirge (BLVA)
■ **Informationen:** Alpenpark Karwendel Service Telefon, Tel. (00 43) 06 76/88 50 87 88 4, E-Mail: info@karwendel.org, www.karwendel.org

Durch den schönen Großen Ahornboden führt ein Spazierweg ohne Steigungen zu den Eng-Almen, bevor am Ende des Eng-Tals noch 300 Höhenmeter zur Binsalm überwunden werden müssen.

Vom großen Wanderparkplatz am Ende der Mautstraße geht es zunächst am von Touristen belagerten Alpengasthof Eng vorbei und geradeaus auf den Schotterweg Richtung Talschluss. Auf diesem flachen, breiten Weg erreicht man nach etwa 50 Metern eine Brücke und einen Wegweiser zur Binsalm nach links. Dieser Pfad führt zwar schöner und kürzer zur Binsalm, aber ist leider nicht mit dem Kinderwagen zu bewältigen – also geht's geradeaus weiter. Der Weg schwenkt ein wenig nach rechts und nach etwa 700 Metern sind die Eng-Almen erreicht, malerisch eingebettet in die beeindruckende Gebirgslandschaft des größten Naturschutzgebietes der Nördlichen

Binsalm

Kalkalpen. Eine besondere Attraktion ist die Schaukäserei, in der nach altem Rezept der schmackhafte Enger-Bergkäse erzeugt wird. Jeden Vormittag hat man hier die Gelegenheit, dem Käsermeister bei seiner Arbeit zuzusehen. An den Almgebäuden vorbei geht es weiter geradeaus und schließlich nach links zum bewaldeten Hang unterhalb der Lamsenspitze. Hier hält man sich links Richtung Binsalm und folgt dem »Normalweg Eng – Bins« über die Forststraße zur Binsalm. Der rechte »Panoramaweg« über die Drijaggen-Alm bleibt links liegen. Nach insgesamt knapp einer Stunde ist man am Ziel dieser Wanderung angelangt. Nach der Rast und Einkehr in der Binsalm geht es auf demselben Weg wieder zurück zum Parkplatz.

Für eine gemütliche Brotzeit vor der Heimfahrt und abseits der Touristenmassen ist die Oswaldhütte (850 m) im Rißtal ein Geheimtipp. Dafür muss man kurz ins Auto steigen und zurück nach Hinterriß fahren. Die Oswaldhütte (mit kleinem Sandkasten) liegt kurz nach dem Grenzübergang auf der linken Seite der Straße. Direkt beim Hof gibt es ausreichend Parkmöglichkeiten. Einer gemütlichen Abendjause auf der Terrasse nach einem schönen Tag in den Bergen steht nichts mehr im Wege.

> **Tipp:**
> Sylvensteinstausee (Baden), Lenggries (Brauneck-Bergbahn, Bullcart, Freibad, Golf, Hallenbad Isarwelle, Hochseilgarten, Minigolf, Spielplatz), Bad Tölz (Freizeitbad Alpamare, Spielplatz, Minigolf, Sommerrodelbahn)

Ein kleiner Sandkasten genügt den Kindern bei der Oswaldhütte.

Karwendel

19 Feilalm

Grandiose Aussicht auf den Achensee

■ **Anfahrt:** Über Bad Tölz oder Tegernsee zum Achensee. Am südlichen Ende des Sees rechts nach Pertisau. Am Ortsanfang von Pertisau nach links zur Seilbahn und gerade weiter bis zur Mautstraße in die Karwendeltäler. Auf der Mautstraße gerade weiter, an der Pletzachalm vorbei bis zum nächsten Parkplatz.
■ **Gehzeit:** 100 Min.
■ **Höhe:** 1380 m
■ **Höhenunterschied:** 300 m
■ **Gipfel:** Feilkopf (1563m), Gütenberg (1665 m)
■ **Anforderungen:** Etwas längerer, aber nicht steiler Aufstieg auf breiter Schotterstraße.
■ **Rolli:** Nicht geeignet
■ **Rodel:** Nicht geeignet
■ **Einkehr:** Feilalm, Mai bis Ende Oktober und Mitte Dezember bis Mitte März geöffnet, Tel. (00 43) 06 76/6 01 19 64
■ **Karte:** -
■ **Informationen:** Tourismusverband Achensee, Rathaus 387, A-6215 Achensee, Tel. (00 43) 0 52 46/53 00, Fax (00 43) 0 52 46/53 33, E-Mail: info@achensee.info, www.achensee.info

Die Feilalm hoch über der Mautstraße in die Karwendel-Täler bietet vor allem eines: eine traumhafte Aussicht! Der Blick schweift über Pertisau und den Achensee ins Rofangebirge.

Man könnte diese Tour auch schon am gebührenpflichtigen Wanderparkplatz an der Schranke der Mautstraße starten, aber dies würde die Tour mit einem Marsch auf der Teerstraße nur unnötig verlängern. Man hält sich also geradeaus (nicht links abbiegen), fährt weiter ins Gerntal an der Abzweigung zur Pletzachalm vorbei und parkt beim nächsten Parkplatz neben der Materialseilbahn zur Überschüssalm. Hier beginnt links der Straße die ansteigende Schotterstraße mit der Beschilderung »Feilalm« und »Gütenbergalm«. Auf der sonnigen Straße stets bergauf, passiert man die links abzweigende Schotterstraße zum Tuningenparkplatz. Weiter bergauf erreicht man die auf 1380 Meter gelegene Feilalm. Der erste Eindruck ist zugegebenermaßen etwas schockierend: Bei der letzten Renovierung der idyllisch gelegenen Hütte wurde eine überdimensionierte Tiefgarage unter der geteerten Sonnenterrasse gebaut. Ist die Garageneinfahrt passiert, hat man nun die Wahl: Das Tagespensum bei einem guten Stück Kuchen für erreicht erklären oder in 30 Minuten Aufstieg auf guter Schotterstraße den Gipfel des Feilkopfes erklimmen. Entscheidet man sich für den Gipfel, so folgt man der Straße weiter bergauf, ignoriert den ersten Abzweig nach rechts, um bald darauf einen zweiten rechten Abzweig

Tipp:
Pertisau (Baden, Bergbahn, Minigolf), Maurach (Baden, Bergbahn, Minigolf, Squash)

Feilalm

zum Feilkopfgipfel zu erreichen. Ein Abstecher zur unbewirtschafteten Gütenbergalm oder dem Gütenberggipfel lohnt nicht.

Der Abstieg mit dem Kinderwagen erfolgt auf demselben Weg.

Alternative ohne Kinderwagen Ist man ohne Kinderwagen unterwegs, sollte man sich eine kurze Brotzeit auf der Feilalm schmecken lassen und dann zum Feilkopfgipfel weitermarschieren, da nichts so sehr belohnt wie das Gipfelglück. Den Abstieg ohne Kinderwagen kann man dann auf einem schönen kleinen Steig antreten. Diesen erreicht man, indem man bei der Abzweigung zum Feilkopfgipfel noch ein wenig weiter Richtung Gütenbergalm marschiert und dann nach links auf den beschilderten Weg, der bald zu einem schmalen Pfad wird, abzweigt. Diesen schönen Pfad erreicht man auch von der Feilalm aus, wenn man beim Abstieg rechts auf die Schotterstraße Richtung Tuningenparkplatz abbiegt, an deren Ende links der Pfad abzweigt. Im Tal folgt man der Mautstraße, dann nach links zurück zum Parkplatz.

Wundervoller Blick auf den Achensee von der Feilalm.

Die Denkalm bei Lenggries

Isarwinkel

20 Kirchsteinhütte

Tour mit der variablen Anstiegslänge

- **Anfahrt:** Von Bad Tölz fährt man auf der Staatsstraße 2072, westlich der Isar, in südlicher Richtung nach Arzbach. An der Kirche biegt man nach rechts in Richtung Blaika, Untermberg ab. Kurz nach Untermberg ist vor einer Brücke links ein Wanderparklpatz. Wer sich 15 Wanderminuten sparen will, fährt noch etwa 1,5 km weiter bis zum Kirchstein-Parkplatz.
- **Gehzeit:** 55 Min.
- **Höhe:** 1070 m
- **Höhenunterschied:** 230 m
- **Gipfel:** Brauneckbergbahn Bergstation (1500 m)
- **Anforderungen:** Leichte Tour auf guter Forststraße; auch im Winter gut zu gehen. Bei der langen Variante im ersten Abschnitt wenig Verkehr.
- **Rolli:** Nicht geeignet
- **Rodel:** Sehr schöne, familiengeeignete Rodelbahn.
- **Einkehr:** Kirchsteinhütte, Tel. 01 72/852 77 95, E-Mail: EduardB@t-online.de, www.lenggries.de/Kirchsteinhuette/, ganzjährig geöffnet, Di. und Mi. Ruhetag.
- **Karte:** Topographische Karte 1 : 50 000, Blatt Bad Tölz, Lenggries und Umgebung (BLVA).

Die kleine und an schönen Wochenendtagen stark frequentierte Kirchsteinhütte über dem Lenggrieser Tal ist Sommer wie Winter einen Ausflug wert.

Wir starten die Tour tapfererweise beim ersten Parkplatz und folgen zunächst ganz einfach der leicht ansteigenden Anfahrtsstraße. Man geht über die Arzbach-Brücke und folgt der Straße kurz danach nach rechts immer am Arzbach entlang. Nach etwa zehn Minuten erreicht man auf der wenig befahrenen Straße den zweiten, etwas höher gelegenen Parkplatz. Wen die wenigen Autos in diesem ersten Abschnitt stören, der sollte gleich bis zum zweiten Parkplatz fahren und erst hier starten.

Man überquert den Arzbach und folgt der Forststraße weiter bergauf am Lettenbach entlang. Über mehrere Serpentinen am Nordhang des Kesselkopfes gelangen wir an eine Abzweigung und gehen links weiter Richtung Kirchsteinhütte. In südlicher Richtung geht es nun auf einer lichteren Passage an der Gabriel-Alm vorbei und direkt zur Kirchsteinhütte rechts des Weges im Wald, der sich an die Lichtung anschließt.

Über die schattige Terrasse neben der verwinkelten Hütte, die auffallend stark von Familien mit Kindern frequentiert wird, erreicht man die Galusträume und die Selbstbedienungstheke.

Auch für Kinder ist die Tour zur Kirchsteinhütte ein schöner Ausflug, der zwar stets auf unspektakulärer Forststraße, aber dennoch abwechslungsreich am Bach und später an blühenden Almwiesen entlangführt.

Der Abstieg und die Zeit bis zum Auto vergehen den kleinen Wanderern deutlich schneller, wenn nachher noch ein Besuch im Lenggrieser Hallenbad Isarwelle oder dem deutlich größeren Alpamare in Bad Tölz geplant ist. Wer zeitig unterwegs ist, kann auch noch einen Abstecher zur Sommerrodelbahn auf dem Blomberg machen.

Alternative: Rundtour ohne Kinderwagen Ist man ohne Kinderwagen unterwegs, geht man nach der Einkehr auf der Forststraße an der Hütte vorbei weiter Richtung Benediktenwand. An der Hauserbauernalm vorbei bis zur Längentalalm (1003 m) und hier nach links auf den Wiesenweg (Weg Nr. 468 zur Talstation) und wieder in den Wald. Der Weg wird wieder zu einer breiten Forststraße und man folgt dieser gerade bzw. links über den Vorderleitenberg, bis man wieder bei der Arzbach-Brücke auf den Anstiegsweg trifft.

Bestens präparierte Wege zur Kirchsteinhütte.

■ **Informationen:** Gemeinde Lenggries, Rathausplatz 1, 83661 Lenggries, Tel. 0 80 42/5 00 80, Fax 0 80 42/50 08 50, E-Mail: info@lenggries.de, www.lenggries.de.

Tipp

In Lenggries gibt es viel Abwechslung für die Kleinen: Brauneck-Bergbahn, Bullcart, Freibad, Golf, Hallenbad Isarwelle, Hochseilgarten, Minigolf, Spielplatz. Bad Tölz bietet auch viele Attraktionen: Freizeitbad Alpamare, Spielplatz, Minigolf, Sommerrodelbahn.

Linke Seite: Ein beliebtes Rodlerziel im Winter.

Isarwinkel

21

Reiseralm

Mutige Bachdurchquerungen unterm Brauneck

■ **Anfahrt:** Über Bad-Tölz fährt man auf der B 13 Richtung Sylvenstein bis nach Lenggries. Hier verlässt man die Bundesstraße und folgt der Beschilderung zur Brauneckseilbahn. An der Talstation stehen zahlreiche Parkmöglichkeiten zur Verfügung.
■ **Gehzeit:** 45 Min.
■ **Höhe:** 920 m
■ **Höhenunterschied:** 200 m
■ **Gipfel:** Brauneckbergbahn Bergstation (1500 m)
■ **Anforderungen:** Etwas schattige Forststraßentour. Sie führt durch zwei spannende, aber sehr leichte Bachdurchquerungen. Abseits des Braunecktrubels weitgehend unbekannte Tour.
■ **Rolli:** Nicht geeignet
■ **Rodel:** Leichte Rodelbahn
■ **Einkehr:** Reiseralm, Tel. 0 80 42/83 02, ganzjährig geöffnet.
■ **Karte:** Topographische Karte 1 : 50 000, Blatt Bad Tölz, Lenggries und Umgebung (BLVA).
■ **Informationen:** Gemeinde Lenggries, Rathausplatz 1, 83661 Lenggries, Tel. 0 80 42/5 00 80, Fax 0 80 42/50 08 50, E-Mail: info@lenggries.de, www.lenggries.de.

Die frische (Butter)Milch macht müde Kinder munter.

Die Reiseralm ist eine, trotz ihrer Nähe zum Sommer- und Wintertourismusbetrieb am Brauneck, einsam und versteckt gelegene Alm

Links (südlich) der Talstation der Brauneck-Bergbahn, die an schönen Tagen hoffnungslos überlaufen ist, führt eine einsame Forststraße mit der Beschilderung Reiseralm an den Talwiesen entlang und durch den Lahngraben in den Wald oberhalb der Talstation. Bald unterquert man die Brauneckseilbahn und gelangt an eine ungefährliche Bachdurchquerung. Das Durchschreiten, welches sowohl im Sommer wie auch Winter problemlos zu schaffen ist, ist für die Kleinen ein spannendes Unterfangen. Nach nicht allzu vielen Höhenmetern steht eine weitere, ebenso leichte Bachdurchquerung an.

Schon bald nach diesen spannenden Einlagen gelangt man durch den schattigen Wald an die Terrasse neben der etwas versteckt gelegenen Reiseralm. Für die Skifahrer wurde 2005 eine Zufahrt von der nahe gelegenen Ski-Talabfahrt eingerichtet, sodass man die Ruhe, die hier trotz der Nähe zu einem der beliebtesten Münchner Hausberge noch herrscht, nur noch in den Sommermonaten genießen kann. Neben der Terrasse finden die Kleinen einen Sandkasten und ein großes Trampolin, auf dem man mit schönem Ausblick über Lenggries und geschützt von einem Netz wahre Panoramasprünge machen kann. Zurück geht es dann auf der Schotterstraße, die unmittelbar vor dem

Terrassenzugang bergab zu einer weiteren Schotterstraße führt, welcher wir nach rechts ins Tal zurück zum Parkplatz folgen. Im Sommer wird hier auf den Übungshängen Bullcart angeboten, eine Art modernes Seifenkistenrennen über die Grashänge neben der Bergbahn. Ein Besuch im Lenggrieser Hallenbad Isarwelle oder dem deutlich größeren Alpamare in Bad Tölz rundet einen schönen Erlebnistag ab. Ein Abstecher zur Sommerrodelbahn auf dem Blomberg hat noch jedes Kind mit den Bergen versöhnt.

Alternative: Wer höher hinaus will Gerade an schönen Herbsttagen ist der große Panoramaweg am Brauneck eine Überlegung wert. Zwar muss man sich zweimal unter Umständen lange an der Bergbahn anstellen, aber der Rundweg (nicht kinderwagengeeignet), der an der Brauneck-Bergstation gut ausgeschildert beginnt, ist bei schönem Wetter und guter Sicht ein einprägsames Erlebnis.

Für Kinder unter sechs Jahren ist dieser Weg aufgrund der teilweise ausgesetzten Passagen nicht geeignet.

Selten überlaufen – ein echter Geheimtipp.

Tipp

In Lenggries gibt es lohnende Ziele für die Kids: Brauneck-Bergbahn, Bullcart, Freibad, Golf, Hallenbad Isarwelle, Hochseilgarten, Minigolf, Spielplatz. Auch Bad Tölz bietet so einiges: Freizeitbad Alpamare, Spielplatz, Minigolf und Sommerrodelbahn.

Isarwinkel

22

Waldherralm

Rundtour von Wackersberg über die Heigelkopfalmen

- **Anfahrt:** Autobahn München – Salzburg (A 8) bis Ausfahrt Holzkirchen, weiter nach Bad Tölz. Dort über die Isarbrücke, dann gleich rechts und weiter nach Wackersberg. In Wackerberg am südlichen Ortsende Parkmöglichkeit rund um den Altwirt.
- **Gehzeit:** 40 Min.
- **Höhe:** 740 m
- **Höhenunterschied:** 60 m
- **Gipfel:** Zwieselberg (1348 m), Heigelkopf (1205 m)
- **Anforderungen:** Leichte Tour über Forststraßen und kleinere Waldwege. Nicht nach Regen gehen, da viel Matsch auf den Waldstrecken.
- **Rolli:** Nicht geeignet
- **Rodel:** Nicht geeignet
- **Einkehr:** Waldherralm, ganzjährig geöffnet, Montag und Dienstag Ruhetag, Tel. 08041/9520; Altwirt, ganzjährig geöffnet, kein Ruhetag, Tel. 0 80 41/48 12
- **Karte:** Topographische Karte 1:50 000, Blatt Bad Tölz, Lenggries und Umgebung (BLVA)
- **Informationen:** Gemeinde Wackersberg, Bachstr. 8, 83646 Wackersberg, Tel. 0 80 41/799 28-0, Fax 0 80 41/7 99 28–29, E-Mail: info@wackersberg.de, www.wackersberg.de

Die auch mit dem Auto zugängliche Waldherralm am Fuße des Heigelkopfes ist Ziel einer leichten Wanderung, die fast ohne Überwindung von Höhenmetern über Almwiesen führt.

Hat man südlich des Altwirtes geparkt, geht es zunächst wieder zurück durch den Ort Richtung Bad Tölz und in die erste Straße nach dem Altwirt nach links. Dieser bald geschotterten Straße folgend geht's gerade bis zum Ende bergab und dann zwischen Wohnhaus zur Rechten und Hof zu Linken um den Misthaufen herum. Der Stadel wird links passiert, ein schönes Sträßchen führt direkt zum Fuße des Heigelkopfes. Immer geradeaus werden drei weitere Schotterstraßen überquert, bis man in den Wald gelangt. In einer weiten Linkskurve geht es nun bergauf, als müsste der Heigelkopf bestiegen werden. Sobald die Wasserversorgung erreicht ist und der Weg nach Süden schwenkt, sind aber schon alle Höhenmeter des heutigen Tages geschafft – wenn man von den wenigen Höhenmetern am Ende der Tour zurück nach Wackersberg absieht. Sehr idyllisch geht es nun über die Almwiesen unter dem Heigelkopf. Der grasbedeckte Weg schwenkt leicht nach rechts zum nächsten Zaun – der ist entweder offen oder man hängt ihn selbst aus. Über die letzte Wiese geht es

64

Isarwinkel

wieder zum Waldrand und in den Wald hinein. Der Pfad wird kurzzeitig sehr schmal und nach Regen sehr feucht: Die Platten helfen nur dem Kinderwagenschieber, nicht aber dem Kinderwagen über den Matsch. Von links mündet ein Weg ein, stets dem Hauptweg folgend geht es geradeaus weiter. Vorbei an der Hütte des Schützenvereins und geradeaus über eine weitere Wegkreuzung leicht bergab erreicht man schließlich direkt beim Austritt aus dem Wald die Waldherralm.
Für die Kleinen wartet rechts am Waldrand schon die Schaukel mit einer Rutsche und ausreichend Spielmaterial. Die Eltern dürfen einkehren und Kaffee und Kuchen bei einem schönen Blick über das Isartal genießen.
Zurück geht es auf dem kleinen Weg direkt unterhalb der Terrasse. Da der Kinderwagen nicht durch den Zaundurchlass passt, muss er unter dem Weidedraht hindurch auf die Wiese und ein paar Meter nach links bis zum Pfad geschoben werden. Dieser führt hinab zur zweiten und letzten Zaun-Schikane. Weiter entlang der Forststraße gelangt man an einen Stadel, wo es geradeaus über den Wiesenweg bis zur Einmündung in die Schotterstraße geht. Hier zweigt man nach links und nach etwa 20 Metern rechts auf die Fortsetzung des Wiesenweges ab und gelangt so zu der Schotterstraße (rechts weiter), die zurück zum Altwirt in Wackersberg führt.

> **Tipp:**
> Lenggries (Brauneck-Bergbahn, Bullcart, Freibad, Golf, Hallenbad Isarwelle, Hochseilgarten, Minigolf, Spielplatz), Bad Tölz (Freizeitbad Alpamare, Spielplatz, Minigolf, Sommerrodelbahn)

Die auch mit dem Auto erreichbare Waldherralm.

Isarwinkel

23 Denkalm

Über den Keilkopf zu den Tieren der Alm

■ **Anfahrt:** Von Bad Tölz fährt man auf der B 13 Richtung Sylvenstein bis zur Ausfahrt Lenggries. Nach der Ausfahrt links in die Ortsmitte weiter Richtung Isarwelle, deren Wegweisern man stets folgt. Beim Schwimmbad Isarwelle gerade vorbei und nach etwa 400 m nach rechts in die Bachmairgasse. Nach etwa 250 m befindet sich bei einer Scheune ein kleiner Wanderparkplatz.
■ **Gehzeit:** 80 Min. über Keilkopf, sonst 30 Min.
■ **Höhe:** 970 m
■ **Höhenunterschied:** 250 m
■ **Gipfel:** Keilkopf (1125 m)
■ **Anforderungen:** Leichte Forststraßenwanderung, die bei der Rundwegvariante über den Keilkopf einige wenige steilere Passagen enthält.
■ **Rolli:** Nicht geeignet
■ **Rodel:** Ungefährliche Rodelstrecke
■ **Einkehr:** Denkalm, Tel. 0 80 42/27 70, ganzjährig geöffnet, Mi. Ruhetag.
■ **Karte:** Topographische Karte 1 : 50 000, Blatt Bad Tölz, Lenggries und Umgebung (BLVA).
■ **Informationen:** Gemeinde Lenggries, Rathausplatz 1, 83661 Lenggries, Tel. 0 80 42/5 00 80, Fax 0 80 42/50 08 50, E-Mail: info@lenggries.de, www.lenggries.de.

Die Denkalm im Osten von Lenggries ist eine gemütliche Alm am Hang des Keilkopfes mit Freigehege und ausreichend (leider sehr abschüssiger) Wiesenfläche zum Spielen und Entdecken.

Für den Aufstieg hat man die Wahl zwischen der direkten Variante, die in 30 Minuten auf leichtem Weg zur Alm führt, oder der längeren Variante, bei der man zunächst fast den Keilkopfgipfel über der Alm erreicht und zur Alm dann von oben herab kommt.

Vom Parkplatz aus folgt man der Anfahrtsstraße weiter zu den Hängen östlich des Lenggrieser Isartales unterhalb des Keilkopfes bis zu der Brücke über den Tratenbach. Hier teilt sich der Weg in die zwei oben genannten Aufstiegsvarianten. Gerade über die Brücke gelangt man auf dem kürzeren und leichteren Weg zur Denkalm, dieser Weg ist im Winter mit Kinderwagen vorzuziehen. Auch bietet diese Variante die seichteren Bachspielmöglichkeiten kurz nach der Brücke

Denkalm

Auch im Winter sind Kinderwagentouren kein Problem.

in der wärmenden Sonne. Für einen längeren Aufstieg geht man hier jedoch vor der Brücke rechts (Weg Nr. 605), stets der breiten, sanft ansteigenden Forststraße folgend, bis man bei der Beschilderung Denkalm links eine Brücke überquert. Den nächsten Weg nach rechts lässt man ebenfalls aus und geht nach etwa 250 Metern auf den linken steilen Weg. Nun geht es etwas holpriger, aber nicht allzu lange bis fast zum Gipfel des Keilkopfes weiter. Bald wandern wir wieder leicht bergab und weiter bis zu einem frei stehenden Kreuz auf dem Hangrücken. Nun sind es nur noch wenige Meter bergab, bis man direkt an der Denkalm vorbeikommt.

Die Denkalm selbst liegt nicht allzu hoch über dem Isartal und kann mit zwar eingeschränkter, aber doch vorhandener Aussicht einen sonnigen Ausflug krönen. Die Wiesen in der Umgebung der Hütte sind durchwegs abschüssig, aber für die Kleinsten gibt es auch direkt neben der Hütte ein Stückchen Wiese ohne Abrutschgefahr. Gleich hinter der Hütte befindet sich zudem ein Tiergehege.

Ist man über den Keilkopf aufgestiegen, hat man über den kurzen direkten Weg zum Parkplatz, der vor der Denkalm bergab führt, eine schöne Rundtour. Die nahe gelegenen Spaßbäder Isarwelle und Alpamare begeistern Kinder aller Altersgruppen.

> **Tipp**
> Lenggries bietet Groß und Klein viele Freizeitmöglichkeiten: Brauneck-Bergbahn, Bullcart, Freibad, Golf, Hallenbad Isarwelle, Hochseilgarten, Minigolf, Spielplatz. In Bad Tölz kann man viel erleben im Freizeitbad Alpamare, auf dem Spielplatz, beim Minigolf oder auf der Sommerrodelbahn.

Blick von der Denkalm nach Süden ins Isartal.

Blick über den Tegernsee zum Wallberg.

Tegernseer Berge

24 Aueralm

Schweißtreibender Aufstieg zur bekanntesten Alm

- **Anfahrt:** Autobahn München–Salzburg (A 8) bis Holzkirchen. Über Gmund nach Bad Wiessee. Nach dem Ortszentrum zweigt man kurz vor Überquerung des Söllbachs in einer Linkskurve rechts in die Söllbachtalstraße ein. Nach etwa 300 m folgt man der Söllbachstraße nicht links zum Wanderparkplatz, sondern fährt geradeaus etwas steiler bergauf bis zum Wanderparkplatz gleich nach dem Restaurant Sonnenbichl.
- **Gehzeit:** 1 Std. 30 Min.
- **Höhe:** 1270 m
- **Höhenunterschied:** 534 m
- **Gipfel:** Fockenstein (1564 m)
- **Anforderungen:** Die Tour beginnt sanft, steigt dann aber in der zweiten Hälfte sehr steil an.
- **Rolli:** Nicht geeignet
- **Rodel:** Der obere Abschnitt am Zeiselbach ist steil.
- **Einkehr:** Aueralm, Tel. 0 80 22/836 00, ganzjährig geöffnet, Ende Nov. bis Weihnachten geschlossen, zwischen Weihnachten und Ostern Mo. und Di. Ruhetag, ansonsten Mo. Ruhetag.
- **Karte:** Topographische Karte 1 : 50 000, Blatt Bad Tölz, Lenggries und Umgebung (BLVA).

Die Aueralm zählt zweifellos zu den bekanntesten Ausflugsalmen in den oberbayrischen Voralpen, was gerade an schönen Wochenenden den Platz auf der Terrasse knapp werden lässt.

Am hinteren Ende des Parkplatzes beginnt, bei der Bachbrücke, der breite Weg zur Aueralm durch das Zeiselbachtal. Im Tal gibt es immer wieder leichte Zugangsmöglichkeiten zum Zeiselbach, die sich zum Spielen eignen. Im Bachtal südlich von Semmelberg (1102 m), Auereck (1113 m), Huder (1403 m) und Sattelkopf (1384 m) folgt man stets der breiten Forststraße auf anfangs nur sehr geringer Steigung bis zum Ende

Tipp
In Bad Wiessee und Kreuth gibt es gute Bademöglichkeiten. In Kreuth bietet die Wallbergbahn Abwechslung.

auf etwa 980 Meter Höhe. Im Süden reiht sich der Zwergerlberg (1113 m) an das Waxelmooseck (1135 m). Am Ende der Forststraße folgt man dem steilen linken, nun schmäleren Weg weiter am Bach entlang. Man muss ordentlich Schmalz in den Wadeln haben, will man hier den Kinderwagen hochschieben, aber mit ein, zwei Pausen ist auch das zu schaffen. Gegen Ende der Tour macht dieser Weg eine scharfe Linkskurve (von rechts mündet ein kleiner Pfad in den Weg) und man erreicht auf nun wieder flacher Strecke bei einem Weiderost eine weitere Forststraße. Dieser folgt man rechts in nur noch zwei Minuten über den lichten Bergrücken und hat das ersehnte Ziel erreicht.

Wer den Parcours durch die zahlreich anwesenden und fahrenden Mountainbiker geschafft hat, der hat sich den leckeren Kuchen auf der schönen Panoramaterrasse verdient. Rund um die Alm gibt es für die Kinder ausreichend Platz zum Spielen oder Rasten und genügend Möglichkeit, den Kühen beim Weiden zuzuschauen.

Aueralm

Hat man die Tegernseer Berggipfel ausgiebig bei Kaffee und Kuchen studiert (Fernglas für die Kinder mitnehmen), geht es auf dem bekannten Weg wieder zurück.

Alternative 1: Rundweg mit Kinderwagen Beim oben erwähnten Weiderost geht man nicht wieder links zurück, sondern gerade stets dieser Forststraße folgend weiter. Bald an der beschilderten Abzweigung nach rechts ins Söllbachtal weiter. Im Söllbachtal gelangt man an eine breite Straße und folgt dieser links leicht bergab. Kurze Zeit später kommt man an die Söllbachklause und nach weiteren zehn Minuten zum Söllbachparkplatz. Hat man diesen passiert, erreicht man wieder die Anfahrtsstraße und geht links bergauf bis zum Parkplatz. Bei dieser Variante sollte man auf dem Söllbachparkplatz parken und zu Beginn der Tour zum Parkplatz Sonnenbichl aufsteigen.

Alternative 2: Rundtour ohne Kinderwagen Beim oben erwähnten Weiderost geht man nicht wieder links zurück, sondern auf dieser Forststraße weiter Richtung Söllbachtal. Nach etwa zehn Minuten führt geradeaus ein kleinerer Weg über Waxelmooseck und Zwergerlberg bergab. Diesem folgt man nun, bis man kurz vor dem Parkplatz wieder das Zeiselbachtal erreicht.

■ **Informationen:** Kurverwaltung, Adrian-Stoop-Str. 20, 83707 Bad Wiessee, Tel. 080 22/8 60 30, Fax 0 80 22/86 03 30, E-Mail: info@bad-wiessee.de, www.bad-wiessee.de.

Blick auf den Hirschberg nach einem sommerlichen Gewitter.

Tegernseer Berge

25 Schwarzentennalm

Sommer wie Winter ein Traumziel

■ **Anfahrt:** Autobahn München–Salzburg (A 8) bis Holzkirchen. Über Gmund und Tegernsee weiter Richtung Achensee. Genau vier Kilometer nach dem Ortsende von Kreuth, etwa 2,5 km nach Wildbad Kreuth, ist rechts ein Wanderparkplatz.
■ **Gehzeit:** 1 Std.
■ **Höhe:** 1040 m
■ **Höhenunterschied:** 210 m
■ **Gipfel:** Hirschberg (1670 m), Buchstein (1701 m)
■ **Anforderungen:** Leichte Tour im Schwarzenbachtal
■ **Rolli:** Bedingt geeignet. Die Schotterstraße hat im mittleren Drittel eine steilere Passage.
■ **Rodel:** Leichte Rodelstrecke.
■ **Einkehr:** Schwarzentennalm, Tel. 080 29/3 86, ganzjährig geöffnet, Mi. Ruhetag.
■ **Karte:** Topographische Karte 1 : 50 000, Blatt Mangfallgebirge (BLVA).
■ **Informationen:** Kurverwaltung, Adrian-Stoop-Str. 20, 83707 Bad Wiessee, Tel. 0 80 22/8 60 30, Fax 080 22/86 03 30, E-Mail: info@bad-wiessee.de, www.bad-wiessee.de.

Die Schwarzentennalm zählt zu den bekannteren, aber nicht heillos überlaufenen Almen rund um die Münchner Ausflugsseen. Sie ist immer einen Ausflug wert.

Schon der leichte Anstieg durch das Schwarzenbachtal stimmt auf einen traumhaften Ausflug ein und ist gerade mit Kindern oder Kinderwagen gut zu schaffen. Am hinteren Ende des Wanderparkplatzes beginnt eine sehr sanft ansteigende Forststraße durch das Schwarzenbachtal, die sich stets am Bach entlang nach Norden zur Schwarzetennalm, in einem Hochtal zwischen Hirschberg und Buchstein gelegen, schlängelt. Nach etwa 500 Metern kann man alternativ zur breiten Forststraße links (nicht für Kinderwagen geeignet) über die Brücke einen etwas schöneren und spannenderen Fußweg wählen, der sich später wieder mit der Forststraße vereint. Die Forststraße führt ebenfalls immer gerade auf direktem Weg zu den saftigen Almwiesen rund um die Schwarzentennalm. Diese hat man nach etwa einer Stunde erreicht. Im Sommer genießt man auf der Terrasse eine Freiluftjause mit tollem Bergpanorama »von unten«, im Winter die nette persönliche Atmosphäre in der warmen Stube zusammen mit vielen Rodlern.

> **Tipp**
> Baden in Bad Wiessee und Kreuth. Die Wallbergbahn in Kreuth bietet den Kids eine weitere Attraktion.

Selbstbedienung in der Schwarzentennalm.

An der Hütte laden die Wiesen und Bäche auf dem Almenplateau (ohne Abgründe!) zum Spielen ein, wohl eine der ungefährlichsten Hütten. Der Rückweg erfolgt auf dem Anstiegsweg.
Während man sich im Winter vor den Rodlern in Acht nehmen sollte, sind es im Sommer die Mountainbiker, die rasant zu Tale rauschen.

Alternative 1: für eine längere Tour Will man knapp zwei Stunden investieren, kann man auch die Buchsteinhütte auf 1240 Metern als Ziel anvisieren. Der Anstieg erfolgt wie zur Schwarzentennalm durch das Schwarzenbachtal. Sobald man das Hochtal der Alm erreicht hat und den Wald verlassen würde, geht es links ausgeschildert zur Buchsteinhütte. Nach drei großen Serpentinen geht es rechts, der Beschilderung Buchsteinhütte folgend, und wenig später nochmals leicht rechts. Auf dem Anstiegsweg geht es dann wieder zurück.

Alternative 2: Rundtour mit großen Kindern Wer mit größeren Kindern ab etwa zehn Jahren unterwegs ist, kann von der Buchsteinhütte den Weg links neben der Terrasse hoch auf den Sattel nördlich von Ross- und Buchstein wählen und noch bis zur Tegernseer Hütte auf 1650 Meter aufsteigen. Anschließend auf drahtseilgesichertem Weg zum Sonnenbergalm-Hochleger und zurück ins Schwarzenbachtal.

Beliebtes Ganzjahresziel für Groß und Klein.

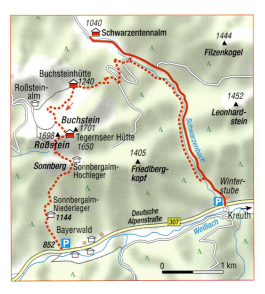

Tegernseer Berge

26 Siebenhüttenalm

Kinderleichte Tour mit Spielpause am Bach

- **Anfahrt:** Autobahn München–Salzburg (A 8) bis Ausfahrt Holzkirchen. Über Gmund und Tegernsee weiter Richtung Achensee. 950 m nach dem Abzweig links nach Wildbad Kreuth befindet sich links ein kleiner Parkplatz.
- **Gehzeit:** 20 Min.
- **Höhe:** 836 m
- **Höhenunterschied:** 50 m
- **Gipfel:** Blaubergkopf (1787)
- **Anforderungen:** Breite, ausschließlich flache Forststraße.
- **Rolli:** Für Rollstuhlfahrer gut geeignet
- **Rodel:** Zum Rodeln ist die Strecke zu flach
- **Einkehr:** Siebenhüttenalm, geöffnet Mai bis Ende Okt., Di. Ruhetag. Gasthaus Altes Bad, Wildbad Kreuth, ganzjährig geöffnet.
- **Karte:** Topographische Karte 1 : 50 000, Blatt Mangfallgebirge (BLVA).
- **Informationen:** Kurverwaltung, Adrian-Stoop-Str. 20, 83707 Bad Wiessee, Tel. 0 80 22/8 60 30, Fax 0 80 22/86 03 30, E-Mail: info@bad-wiessee.de, www.bad-wiessee.de.

Die Siebenhüttenalm ist eine kleine Schönwetter-Jausenalm, die romantisch in einer Kehre unter großen Biergarten-Bäumen liegt. Spielmöglichkeiten bietet auch die Weißach in der Nähe.

Gegenüber der Einfahrt zu dem kleinen Wanderparkplatz überquert man die Weißach-Brücke und folgt der flachen, breiten Forststraße geradeaus leicht links in Richtung Siebenhüttenalm. Die Abzweigung wenig später nach rechts zur Königsalm (nicht kinderwagengeeignet) lässt man ebenso liegen wie bald darauf den linken Abzweig zur Fischzucht und Wildbad Kreuth. Man geht stets gerade rechts der Weißach auf dem flachen Weg, bis man nach insgesamt etwa 20 Minuten Gehzeit auf der anderen Flussseite bereits die Siebenhüttenalm sieht und hört. Bereits aus der Ferne sehen die gemütlichen Bänke unter den großen Bäumen rund um die Alm sehr verlockend aus. Nun sind es nur noch wenige Meter und eine lang gestreckte Linkskurve und man gelangt an eine kleine Brücke. Ist der Abstieg zur Brücke mit Kinderwagen oder Rollstuhl zu holprig, geht es noch einige Meter weiter auf der Forststraße, um auf dem Fahrweg zur Alm zu gelangen. Andernfalls geht es jedoch gleich hier links über die Steine zur Brücke und über diese zum Almgelände mit der gemütlichen Terrasse. Bei

Schon bald sieht man die Alm auf der anderen Flussseite.

Siebenhüttenalm

Wasserspiele an der Siebenhüttenalm, sowohl an der Weißach als auch am Brunnen.

den Almbesuchern fällt auf, dass diese mit Kindern oder mit Fahrrad unterwegs sind. Die Kinder können hier nicht nur am Bach spielen, sondern auch auf der Terrasse in Sichtweite der Eltern am Brunnen ausgiebig sämtliche Kleidungsstücke nass plantschen und die Radfahrer müssen fast keine Steigung bewältigen, um auf der schönen Alm zu rasten.

Die Auswahl auf der Karte ist zwar beschränkt, aber es findet doch jeder etwas Leckeres und auch das Bier schmeckt in der gemütlichen Atmosphäre gleich doppelt so gut. Nach dem obligatorischen Kuchen geht es dann entweder auf dem Hinweg wieder zurück (für Rollstuhlfahrer) oder beim Hinterausgang der Alm durch das Gatter neben den Tischen und über die Wiese neben der Weißach auf dem kleinen, aber dennoch kinderwagengeeigneten Fußweg zurück Richtung Norden.

Dieser Weg führt nach einer kurzen Steilpassage zum Hochuferweg und damit zum Gasthaus Altes Bad. Kurz vor dem Gasthaus geht man auf der breiten Forststraße links bergab zu den Forellenteichen. Nicht ohne die Forellen in den Teichen bestaunt zu haben, geht es weiter an den Teichen entlang. Nach der Brücke erreichen wir wieder den Weg, den wir zu Beginn der Tour rechts vom Parkplatz gekommen sind.

Tipp
Im Tal von Kreuth können Kinder baden und auf einen Spielplatz gehen.
Die Wallbergbahn ist eine weitere Attraktion.

Tegernseer Berge

27

Bauer in der Au und Söllbachklause

Kleine Runde über Bad Wiessee

Anfahrt: Autobahn München–Salzburg (A 8) bis Ausfahrt Holzkirchen. Über Gmund nach Bad Wiessee. Nach dem Ortszentrum zweigt man kurz vor Überquerung des Söllbachs in einer Linkskurve rechts in die Söllbachtalstraße ein. Nach etwa 300 m biegt man links zum Wanderparkplatz ab.
Gehzeit: 45 Min.
Höhe: 904 m
Höhenunterschied: 130 m
Gipfel: Hirschberg (1670 m)
Anforderungen: Leichte Kurztour zur Söllbachklause, zum Bauer in der Au leichter, aber längerer Anstieg.
Rolli: Nicht geeignet
Rodel: Hervorragende Rodelstrecke
Einkehr: Bauer in der Au und Söllbachklause, ganzjährig geöffnet, Tel. 0 80 22/8 11 71, Mo. Ruhetag.
Karte: Topographische Karte 1 : 50 000, Blatt Mangfallgebirge (BLVA).
Informationen: Kurverwaltung, Adrian-Stoop-Str. 20, 83707 Bad Wiessee, Tel. 0 80 22/8 60 30, Fax 0 80 22/86 03 30, E-Mail: info@bad-wiessee.de, www.bad-wiessee.de.

Der Bauer in der Au ist ein viel besuchtes, leicht erreichbares Gasthaus auf einem sonnigen Hochplateau. Auf Hin- sowie Rückweg kommt man an der kleinen Söllbachklause vorbei.

Der Weg beginnt am hintersten Ende des zweigeteilten, großen Wanderparkplatzes und führt zunächst asphaltiert und flach am Söllbach entlang. Nach etwa zehn Minuten passiert man bereits die ganzjährig bewirtschaftete Söllbachklause (793 m), die auch ein mögliches Kurzziel darstellt (siehe auch Alternative). Kurz danach geht es links über die Brücke der Beschilderung über Buch folgend auf dem Bucherweg Richtung Bauer in der Au. (Bei viel Schnee im Winter eventuell gerade auf der breiten Forststraße weiter und nach etwa zehn Minuten links auf die Forststraße zum Bauer in der Au.). In Buch gelangt man an eine Teerstraße und folgt dieser nach rechts weiter bergauf.

Im weiteren Verlauf wird diese zu einer Schotterstraße und man überquert den Mühlbach. Nach etwa 45 Minuten hat man den Bauer in der Au auf dem Almplateau erreicht. Auf der Terrasse gibt

Bauer in der Au und Söllbachklause

es für die Kleinen genügend Platz zum Toben oder im Winter zum Schneemannbauen.

Nach der Einkehr geht es hinter der Hütte rechts über das Söllbachtal zurück, indem man die Forststraße zum Söllbach hinabsteigt. Unten kommt man an die Söllbachtalstraße und folgt dieser nach rechts zur Söllbachklause und zurück zum Parkplatz.

Alternative 1: für eine kleinere Rundtour Wer an der Söllbachklause seinen Kuchenhunger schon gestillt hat, nicht mehr bis zum Bauer in der Au aufsteigen, aber dennoch eine kleine Rundtour gehen will, folgt dem oben beschriebenen Weg über den Bucherweg bis zur Teerstraße oberhalb von Buch. Nun geht es jedoch nach links bergab durch Buch und in den Bad Wiesseer Ortsteil Abwinkl. Hier geht man nun bis zur großen Straße (Bad Wiessee–Rottach Egern) links über die Brücke und auf der Anfahrtsstraße zurück zum Parkplatz.

Alternative 2: für eine längere Tour Wer etwas mehr Zeit rund um den Hirschberg verbringen will, kann beim Bauer in der Au auch der Forststraße weiter auf dem Hochplateau nach Süden folgen und so am Westhang des Hirschberges wieder an die Söllbachtalstraße gelangen. Nun entweder rechts am Bach entlang zurück zum Parkplatz oder links noch etwa 25 Minuten weiter bis zur Schwarzentennalm (siehe Tour 24).

Tipp
In Bad Wiessee und Kreuth kann gebadet werden. Es gibt Spielplätze und in Kreuth die Wallbergbahn.

Der Bauer in der Au auf dem großen Wiesenplateau.

Tegernseer Berge

28 Königsalm

Selbst mit Kinderwagen ein Traumziel

- **Anfahrt:** Autobahn München – Salzburg (A 8) bis Ausfahrt Holzkirchen. Über Gmund und Tegernsee weiter Richtung Achensee. Knapp 3 km nach dem Parkplatz Wildbad Kreuth befindet sich links ein kleiner Parkplatz.
- **Gehzeit:** 90 Min.
- **Höhe:** 1115 m
- **Höhenunterschied:** 310 m
- **Gipfel:** Schildenstein (1611 m)
- **Anforderungen:** Lange Tour auf unspektakulärer Forststraße.
- **Rolli:** Nicht geeignet
- **Rodel:** Der erste Teil des Anstiegs ist eine offizielle Naturrodelbahn.
- **Einkehr:** Königsalm, Dienstag Ruhetag, Mitte Juni bis Ende September bewirtschaftet
- **Karte:** Topographische Karte 1:50 000, Blatt Mangfallgebirge (BLVA)
- **Informationen:** Kurverwaltung, Adrian-Stoop-Str. 20, 83707 Bad Wiessee, Tel. 0 80 22/8 60 30, Fax 0 80 22/86 03 30, E-Mail: info@bad-wiessee.de, www.bad-wiessee.de

Die Königsalm, unter dem Schildenstein gelegen, ist eine der größten Almen in den Bayerischen Alpen und beeindruckt Jedermann nach dem schönen Aufstieg. Sogar Kaiserin »Sissi« soll hier schon zu Gast gewesen sein.

Vom Parkplatz im Tal zwischen Achenpass und Kreuth gehen wir nach Süden zunächst über die Weissach-Brücke und dann nach rechts zur Rodelbahn. Von nun an folgen wir stets dieser Forststraße bergauf. Da es eine der längeren Kinderwagentouren ist, sollte man sie nicht zu schnell angehen, zumal die Höhenmeter schon zu Beginn überwunden werden müssen. Sobald der Weg abflacht hat man den anstrengendsten Teil der Wanderung bereits geschafft. Aus dem Wald geht es auf die Almwiesen und immer weiter auf der Forststraße. Der Abzweig nach links an den Almgebäuden vorbei bietet sich als kleine Abkürzung an, bevor man wieder an die Forststraße gelangt und dieser nun leicht bergab zur Königsalm folgt.

Mit Blick auf das prächtige, zur Hälfte aus Stein und zur Hälfte aus Holz gebauten Kavaliershaus zur Rechten genießt man die Rast bei einem kühlen Schluck und leckerem Kuchen.

Der Abstieg erfolgt auf dem selben Weg, da die Alternativstrecken mit Kinderwagen leider nicht zu bewältigen sind.

Alternative ohne Kinderwagen Ohne Kinderwagen sollte man eine schöne Rundtour zur Königsalm unternehmen und den Parkplatz der Siebenhüttenalm-Tour (Tour 25) ansteuern. Man folgt dem dort beschriebenen Weg zur Siebenhüttenalm und biegt nach wenigen hundert Metern rechts der Beschilderung »Königsalm« folgend auf einen kleinen Weg ab, der bald steil in Serpentinen durch den Wald am Hohen Gernberg

Königsalm

zur privaten, unbewirtschafteten Geiß-Alm (1113 m) führt. Hier teilt sich der Weg, man hält sich noch weiter rechts und erreicht nach etwa 30 Minuten und ohne nennenswerte Steigung die Königsalm. Nach der Bachüberquerung hat man sich die Brotzeit auf der Königsalm verdient. Der Abstieg erfolgt dann entweder auf demselben Weg oder etwas einfacher auf der Forststraße. Wieder im Tal angekommen, folgt man dem Pfad an der Weissach entlang flussabwärts nach rechts und erreicht wieder den Parkplatz.

Tipp:
Kreuth (Baden, Spielplatz, Wallbergbahn)

Der 46 Meter lange Stall der Königsalm.

Tegernseer Berge

29 Lieberhof

Über den Tegernseer Höhenweg

- **Anfahrt:** Autobahn München–Salzburg (A 8) bis Ausfahrt Holzkirchen. Weiter über Warngau nach Gmund und gerade weiter Richtung Tegernsee. Vorbei an der Abzweigung Richtung Hausham/Schliersee und nach St. Quirin. Etwa 160 m nach dem Ortsschild biegt man links in den Buchbergweg ein. Gleich nach der Kuppe kann man hinter einem Bauernhof rechts der Straße parken (klein und inoffiziell).
- **Gehzeit:** 1 Std.
- **Höhe:** 980 m
- **Höhenunterschied:** 180 m
- **Gipfel:** Neureut (1264 m), Gindelalmen (1242 m)
- **Anforderungen:** Leichter Höhenweg, der nur gegen Ende einige steile Höhenmeter aufweist.
- **Rolli:** Für Rollstuhlfahrer bedingt geeignet. Die schöne erste Hälfte des Höhenweges ist auch für Rollstuhlfahrer zu bewältigen.
- **Rodel:** Nicht geeignet
- **Einkehr:** Lieberhof, ganzjährig ohne Ruhetag täglich von 8.30 Uhr bis 22.00 Uhr geöffnet, Tel. 0 80 22/41 63, E-Mail: info@ lieberhof.de, ww.lieberhof.de.
- **Karte:** Topographische Karte 1 : 50 000, Blatt angfallgebirge (BLVA)

Der Lieberhof ist eigentlich keine Hütte oder Alm wie die übrigen Ziele in diesem Buch, es handelt sich vielmehr um einen großen rustikalen Gasthof mit Blick über den See.

Um auf den Tegernseer Höhenweg zu gelangen, geht man ein paar Schritte auf der Anfahrtsstraße zurück und gleich nach der Scheune, noch vor den Gebäuden des Hofes, links auf den beschilderten Höhenweg. Der Höhenweg führt nun zunächst an den Lama-Gehegen des Hofes vorbei und dann leicht wellig durch Wälder und über Wiesen Richtung Süden. Nach einer Brücke gelangt man an der Kuhweide entlanglaufend zu einem tierreichen Hof (Kühe, Schafe, Hühner und Gänse) über Sankt Quirin und trifft hier auf eine Teerstraße. Man geht ein paar Meter auf dieser rechts ganz leicht bergab und dann gleich wieder links in die Fortsetzung des Höhenweges. Nach einer Hochwaldpassage mit spannendem, abenteuerlichem, aber gut befahrbarem Weg wird dieser wieder deutlich breiter, man lässt

die linke Abzweigung aus und geht geradeaus leicht bergauf weiter. Bei der nächsten großen Verzweigung wählen wir den linken, extrem steilen Weg (alternativ hier rechts zum Bahnhof Tegernsee und auf der Asphaltstraße zum Lieberhof), der bald auf einen flachen Höhenweg trifft, und gehen diesen rechts weiter. Nun auf diesem Weg geradeaus flach weiter bis zum Hotel Bayern. Bei der Parkplatzeinfahrt mündet der Weg an die Kehre der Neureutstraße, welcher wir nun etwa zehn Minuten stets unbarmherzig bergauf bis zum Lieberhof folgen.

Der Lieberhof ist ein großer, auch mit dem Auto zugänglicher Gasthof am oberen Ortsende von Tegernsee, kurz vor dem Wanderpark-

Lieberhof

> **Tipp**
> In Tegernsee gibt es die Möglichkeit, eine Schiffstour zu machen. In Kreuth kann man die Wallbergbahn nutzen. Spiel- und Bademöglichkeiten in beiden Orten.

Der Lieberhof mit kleinem Spielplatz.

platz der Neureut (siehe Tour 11), mit schöner Sonnenterrasse, Aussicht und genügend Platz im Inneren. Für Kinder wartet am Lieberhof ein hauseigener, von der Terrasse einsehbarer Spielplatz mit kleiner Rutsche und mehreren Schaukeln auf einer kleinen Wiese zum Austoben.

Der Rückweg erfolgt auf dem gleichen Weg wie der Hinweg. Für Kinder ist der leichte Weg ideal, zumal es unterwegs viele Bachläufe, Tiere und Wiesen zu entdecken gibt.

Alternative: für eine längere Tour Wer ohne Kinderwagen höher hinaus will, kann diese Tour mit einem Aufstieg zur Neureut verknüpfen (siehe Tour 11) und dann nach Norden über die Berger-Alm nach Buchberg absteigen. Auf der Teerstraße in Buchberg dann nach rechts zurück zum Parkplatz.

■ **Informationen:** Kuramt Tegernsee, Hauptstraße 2, 83684 Tegernsee, Tel. 0 80 22/18 01 40, Fax 0 80 22/37 58, E-Mail: info@tegernsee.de, www.tegernsee.de.

Blick über Bad Wiessee und den Tegernsee nach Norden.

Tegernseer Berge

30

Galaunalm (Gasthaus Riederstein)

Käsekuchen unter der Riedersteinkapelle

Die Galaunalm hoch über Rottach-Egern liegt unterhalb der weithin sichtbaren Riedersteinkapelle und bietet Sommer wie Winter eine schmackhafte Einkehr.

Zahlreiche Wege führen zur Galaunalm, so führt z. B. auch ein direkter Weg vom Bahnhof Tegernsee hier hoch, wir jedoch wählen die auch zum Rodeln ideal geeignete südliche Variante vom Wanderparkplatz in Rottach ausgehend.

Am oberen Ende des Wanderparkplatzes geht man auf der noch wenige Meter geteerten Forststraße rechts des Baches dem Wegweiser Riederstein folgend stramm bergauf. Im ersten etwas steilen Abschnitt zweigt links der Höhenweg nach Tegernsee und bald darauf rechts der Höhenweg nach Berg ab, die wir beide nicht beachten. Nun geht es stets im schattigen, aber weniger steilen Wald leicht kurvig dieser Forststraße folgend zur Galaunalm (eigentlich Berggasthaus Riederstein). Kurz bevor man die Lichtung mit der Galaunalm erreicht, zweigt rechts das gestufte Weglein zur Riedersteinkapelle ab. Die Aussicht von hier oben ist, nachdem beim Aufstieg und auf der Alm kaum eine Aussicht besteht, ein paar zusätzliche Schweißtropfen wert, falls die Kinderbeine schon groß und noch fit genug sind. Für Kinderwagen ist dieser Weg leider nicht geeignet.

- **Anfahrt:** Autobahn München–Salzburg (A 8) bis Ausfahrt Holzkirchen. Über Gmund und Tegernsee bis Richtung Rottach. Kurz vor dem Ortsanfang von Rottach zweigt links eine Straße ab Richtung Schwaighof. Am Ende dieser Straße ist ein Wanderparkplatz.
- **Gehzeit:** 50 Min.
- **Höhe:** 1070 m
- **Höhenunterschied:** 280 m
- **Gipfel:** Riederstein (1207 m)
- **Anforderungen:** Forststraße mit beständiger Steigung, gut gehbar und mit Kinderwagen bezwingbar.
- **Rolli:** Nicht geeignet
- **Rodel:** Kurvige und teilweise steile, aber schöne Rodelstrecke.
- **Einkehr:** Gasthaus Riederstein, ganzjährig geöffnet, Di. Ruhetag, Tel. 0 80 22/27 30 22, E-Mail: info@berggasthof-riederstein.de, www.berggasthof-riederstein.de
- **Karte:** Topographische Karte 1 : 50 000, Blatt Mangfallgebirge (BLVA).
- **Informationen:** Kuramt Tegernsee, Hauptstraße 2, 83684 Tegernsee, Tel. 0 80 22/ 1 80 1 40, Fax 0 80 22/ 37 58, E-Mail: info@tegernsee.de

Das Gasthaus Riederstein mit schöner Sonnenterrasse.

Nun sind es nur noch wenige Schritte und man hat die auf der Waldlichtung gelegene Alm mit der schönen sonnigen Terrasse erreicht. Im Winter und bei schlechtem Wetter findet man in der Alm ausreichend Platz zum Aufwärmen. Den Apfelstrudel mit Vanillesauce sollte man hier auf keinen Fall verpassen.
Der Abstieg oder im Winter die rasante Rodelpartie führt über den Aufstiegsweg zurück zum Parkplatz.
Alternative für eine Rundtour ohne Kinderwagen: Wer nach der Einkehr noch etwas mehr Zeit und keinen Kinderwagen zu schieben hat, kann für eine schöne Rundtour dem Weg an der Hütte vorbei folgen und am Waldrand links über den Kammweg (T4) ohne große Anstrengung Richtung Pfliegeleck-Gipfel (1106 m) weitergehen. Für eine etwas kürzere Variante zweigt man noch vor dem Gipfel links ab und geht bergab, bis man auf den oben erwähnten Höhenweg trifft. Diesem folgt man dann nach links zurück zum Anstiegsweg und wieder rechts bergab zum Parkplatz. Für eine nur wenig längere Variante überschreitet man den Gipfel, indem man gerade weitergeht, und wandert dann Richtung Tegernsee bergab. Bei der Verzweigung wählt man den linken Weg Richtung Pfliegelhof, welcher noch vor diesem in den oben erwähnten Höhenweg mündet. Diesem folgt man dann nach links zurück zum Anstiegsweg und wieder rechts bergab zum Parkplatz.

Die weithin sichtbare Riedersteinkapelle oberhalb der Galaunalm.

Tipp

In Rottach-Egern haben die Kinder Bade- und Spielmöglichkeiten sowie einen Minigolfplatz. Kreuth mit der Wallbergbahn bietet ebenfalls einen Spielplatz und Badestellen.

Tegernseer Berge

31 Kreuzbergalm

Almvergnügen mit Aussicht

- **Anfahrt:** Autobahn München – Salzburg (A 8) bis Ausfahrt Holzkirchen. Über Gmund am Tegernsee weiter nach Tegernsee. In Tegernsee links der Beschilderung zum Bahnhof folgen und am Bahnhofplatz parken.
- **Gehzeit:** 100 Min.
- **Höhe:** 1223 m
- **Höhenunterschied:** 460 m
- **Gipfel:** Neureuth (1264 m)
- **Anforderungen:** Leichter Anstieg auf breiter, langer Forststraße.
- **Rolli:** Wegen der Länge weniger geeignet
- **Rodel:** Nicht geeignet
- **Einkehr:** Kreuzbergalm, von Ende Mai bis Ende September geöffnet, Montag ab 16 Uhr Ruheabend.
- **Karte:** Topographische Karte 1:50 000, Blatt Bad Tölz, Lenggries (BLVA)
- **Informationen:** Kuramt Tegernsee, Hauptstr. 2, 83684 Tegernsee, Tel. 0 80 22/18 01 40, Fax 0 80 22/37 58, E-Mail: info@tegernsee.de, www.tegernsee.de

Die kleine Kreuzbergalm ist eine urige Alm zwischen Gindelalmschneid und Kreuzbergköpfl. Hier herrscht auch an schönen Wochenenden eine familiäre Atmosphäre ohne Hüttentrubel.

Die Tour startet am Bahnhofsplatz beim Postamt, rechts an dieser vorbei in die Max-Josef-Straße. Stets dieser Straße der Beschilderung »T3« folgend, geht es am Alpbach durch das gleichnamige Tal entlang. Später führt der Weg auf Schotter weiterhin sanft bergan. Weiter entlang des Hauptwegs und der Beschilderung »Gindelalm, Kreuzbergalm, Neureut« folgend, passiert man auf 935 Metern die Hubertushütte. Vor dem Kreuzbergköpfel (1273 m) schwenkt man nach links, nach etwa 400 Höhenmetern geht es aus dem Wald heraus und der Kreuzbergsattel ist erreicht. Nach etwa 50 Metern zweigt links der kleine »Prinzenweg« ab, der jedoch leider nicht für den Kinderwagen geeignet ist. Links auf der Schotterstraße weiter über die letzten etwa 60 Höhenmeter geht es auf den kleinen Gipfel zu. Oben angekommen hat man die idyllische Kreuzbergalm erreicht.

> **Tipp:**
> Rottach-Egern (Baden, Minigolf, Spielplatz), Kreuth (Baden, Spielplatz, Wallbergbahn)

Die schönen Kreuzbergalmwiesen.

Abgesehen von ein paar Kühen und der Holzlokomotive gibt es für Kinder zwar nicht viel zu entdecken, aber eine erfrischende Cola auf den gemütlichen Bänken rund um das Almgebäude und das Gipfelglück wecken auch bei den Kindern die für den Abstieg nötigen Reserven. Für Eltern mit kleineren Kinder ist es ideal, wenn man eine Picknickdecke mitnimmt und so auf der Wiese neben den Bänken spielen oder ausruhen kann. Nach der Einkehr mit Wendelstein-Blick geht es auf dem bekannten Weg wieder zurück.

Ein Brunnen ist stets Spaßgarant für Kinder.

Für kleine Eisenbahn-Fans Diese Tour lässt sich schön mit einer Fahrt in einer originalen Dampflokomotive verbinden – für die Kleinen ein tolles Erlebnis. Mehrmals im Jahr organisiert der Bayerische Localbahnverein aus Tegernsee (Termine unter: www.localbahnverein.de) Fahrten von Holzkirchen zum Bahnhof Tegernsee. An diesen Terminen verkehren die Bahnen mehrmals täglich. Eine Fahrt mit der BOB (Bayerische Oberland Bahn) von München nach Tegernsee ist für Kinder ebenfalls ein Abenteuer.

Tegernseer Berge

32 Bäckeralm

Schaukeln in den Bergen

Die Bäckeralm ist ein leicht zugängliches Ziel für Familien, mit schönem Ausblick im Suttengebiet südlich des Tegernsees. Ihren Namen verdankt sie dem Bäcker-Fachverein München.

■ **Anfahrt:** Autobahn München – Salzburg (A 8) bis Ausfahrt Holzkirchen. Über Gmund und Tegernsee bis Rottach. Nach der Ampel links Richtung »Sutten, Valepp« und der Mautstraße bei Enterrottach folgen. Hier müssen 2 € Gebühr entrichtet werden. Weiter bis zum ersten großen Wanderparkplatz auf der rechten Seite (noch vor dem Sutten-Skilift).
■ **Gehzeit:** 15 Min.
■ **Höhe:** 1190 m
■ **Höhenunterschied:** 100 m
■ **Gipfel:** Bodenschneidgipfel (1668 m)
■ **Anforderungen:** Leichte Rundtour
■ **Rolli:** Nicht geeignet
■ **Rodel:** Geeignet
■ **Einkehr:** Bäckeralm, ganzjährig geöffnet, Montag Ruhetag, Tel. 0 80 22/6 77 60; Monialm, ganzjährig geöffnet, Tel. 0 80 22/66 41 54, www.moni-alm.de.
■ **Karte:** Topographische Karte 1:50.000, Blatt Mangfallgebirge (BLVA)
■ **Informationen:** Kuramt Tegernsee, Hauptstraße 2, 83684 Tegernsee, Tel. 0 80 22/18 01 40, Fax 0 80 22/37 58, E-mail: info@tegernsee.de, www.tegernsee.de

Tipp:
Rottach-Egern (Baden, Minigolf, Spielplatz), Kreuth (Baden, Spielplatz, Wallbergbahn)

Zunächst überquert man die Mautstraße und folgt der Schotterstraße auf der gegenüberliegenden Seite des Parkplatzes. Nach wenigen Metern quert von links ein Wanderweg, der vom Parkplatz an der Mautstelle heraufführt (siehe Alternative) und nach rechts weiter ins Suttengebiet leitet. Beim Abstieg kommen wir hier von rechts zurück, gehen aber nun geradeaus weiter bergauf und folgen stets der Schotterstraße. Die Steigung ist nicht allzu dramatisch. Der abwechslungsreiche Weg führt an Hütten vorbei und über kleine Bachläufe, an denen man eine Spielpause einlegen kann.

Nach der Unterquerung des im Jahr 2006 erneuerten Suttenlifts bei der Skipiste befindet man sich schon auf den letzten Anstiegsmetern. Der Weg mündet bald in die Straße, die von der Monialm zur Bäckeralm führt, die man schon etwas erhöht sehen kann. Rechts wartet eine Schaukel auf die Kleinen und links die Einkehr für die kinderwagenstemmenden Großen. Von der schönen Terrasse schweift der Blick über Wallberg (rechts) und Schinder (links), während man Kuchen und Getränke von der Selbstbedienungstheke genießt.

Nach der Jause (es gibt auch richtige Mahlzeiten) folgt man der geteerten

86

Straße vor dem Haus wieder bergab und geht nicht rechts auf dem Anstiegsweg zurück, sondern wandert geradeaus weiter die Straße etwas steiler bergab. Nach etwa zehn Minuten erreicht man neben der ganzjährig bewirtschafteten Monialm wieder die Mautstraße. Wer auf eine zweite Einkehr verzichtet, folgt der Mautstraße nach rechts bis zum Parkplatz an der Suttenbahn. Hier zweigt am Ende des Parkplatzes der Schotterweg Richtung »Enterrottach« ab, dem man etwa fünf Minuten bis zur Wegkreuzung, wenige Meter oberhalb des Wanderparkplatzes folgt. Dort gelangt man nach links zurück zum Auto.

Alternative: Längerer Anstieg zur Bäckeralm Wer etwa 60 Minuten wandern und 300 Höhenmeter bezwingen will, startet am Parkplatz neben der Mautstelle und folgt stets dem Weg, der Richtung »Suttengebiet« weist. An der Wanderwegkreuzung wenige Meter oberhalb des Parkplatzes biegt man nach links zur Bäckeralm ab.

Alternative: Abstecher zum Suttensee Will man von der Monialm noch nicht zurück zum Auto, folgt man der Mautstraße etwa zehn Minuten nach links bis zum Suttensee, an dem die Kinder (besonders im Frühjahr) zahllose Frösche beobachten können.

Die leicht zu erreichende Bäckeralm.

Tegernseer Berge

33 Hafneralm (Monialm)

Leckere Einkehr im Suttengebiet

- **Anfahrt:** Autobahn München–Salzburg (A 8) bis Ausfahrt Holzkirchen. Über Gmund und Tegernsee bis Richtung Rottach. Nach der Ampel biegt man links Richtung Sutten/Valepp ab und folgt dieser Straße bis zum Parkplatz an der Mautschranke bei Enterrottach.
- **Gehzeit:** 1 Std.
- **Höhe:** 1100 m
- **Höhenunterschied:** 320 m
- **Gipfel:** Bodenschneidgipfel (1668 m)
- **Anforderungen:** Abwechslungsreiche Tour. Bei Bedarf kann man mit dem Auto 50 % des Weges sparen, indem man beim Wanderparkplatz unterhalb der Sutten-Bergbahn parkt.
- **Rolli:** Nur geeignet, wenn man direkt bis zur Alm mit dem Auto fährt.
- **Rodel:** Nicht geeignet
- **Einkehr:** Hafneralm (Monialm), ganzjährig geöffnet, Di. Ruhetag, Tel. 080 22/2 43 96, www.hafner-alm.de.
- **Karte:** Topographische Karte 1 : 50 000, Blatt Mangfallgebirge (BLVA).
- **Informationen:** Kuramt Tegernsee, Hauptstraße 2, 83684 Tegernsee.

Auch mit Kinderwagen und nebenher laufendem Kind sind die Touren kein Problem.

Die Hafneralm ist eine versteckt gelegene, recht einsame Alm, die für die Großen leckere Gerichte und für die Kleinen einen netten Tierpark bietet.

Der Weg zur Hütte lässt sich durch höher gelegene Parkplätze nahezu beliebig verkürzen (siehe Hinweise im Text). Die längste Variante beginnt bereits am vorderen Ende des an der Mautschranke in Enterrottach gelegenen Parkplatzes. Man folgt dem Weg – hier und auch später stets auf die Beschilderung Suttengebiet bzw. Hafneralm achten, über die Wiese in den Wald. Der schön angelegte Weg abseits der an schönen Tagen mit einigem Ausflugsverkehr belasteten Mautstraße führt nun, mal mehr, mal weniger wellig, immer parallel zu dieser stets bergauf ins Suttengebiet. Die Abzweigung zu den nicht allzu spektakulären Wasserfällen an der Rottach muss man mit Kinderwagen leider liegen lassen und folgt auch hier den Wegweisern Richtung Sutten. Bald mündet der Weg in die Teerstraße, welcher man 50 Meter folgen muss, um dann wieder

> **Tipp**
> Im Tal in Rottach-Egern und Kreuth kann gebadet werden. Die Wallbergbahn in Kreuth und der Minigolfplatz in Rottach-Egern sind für Kinder attraktiv.

rechts der Straße auf den Wanderweg zu gelangen. Kurz darauf überquert man die Teerstraße erneut und folgt nun stets dem Wanderweg (nicht steil bergauf Richtung Bodenschneid) bis zum Wanderparkplatz Hufnagelstube, den man rechts neben sich lässt. Man geht weiter bis zur 2005 neu erbauten Sutten-Bergbahn und nun wieder auf der Straße in südlicher Richtung. Bald passieren wir die Monialm und gelangen nach einer eventuellen Kuchenpause und weiteren etwa fünf Minuten Gehzeit an eine Abzweigung, die links zur Hafneralm abgeht. Geradeaus würde man zum Forsthaus Vallepp (siehe Tour 34) gelangen. Nach weiteren zehn Minuten erreicht man den Hafner-Schotterparkplatz, von wo aus es nur noch wenige Meter durch die Tiergehege zur Alm sind.

Für die Kinder gibt es nun zahlreiche Tiere (Esel, mehrere Hängebauchschweine, Enten, Gänse, Hühner, Hasen, Eichhörnchen, Schafe und Katzen) zu bestaunen, sodass es für die Eltern eine gemütliche und vor allem ruhige Einkehrpause wird.

Für den Rückweg kann man auch den öffentlichen Bus ab der Abzweigung an der Teerstraße in Betracht ziehen, wenn die großen und kleinen Wadeln schon allzu strapaziert sein sollten.

Mit dem Rollstuhl kann man rechts über die Fahrstraße von oben zum Haus gelangen.

Die Hafneralm mit zahlreichen Tiergehegen.

Tegernseer Berge

34

Forsthaus Valepp

Die Hütte mit der variablen Tourenlänge

■ **Anfahrt:** Autobahn München–Salzburg (A 8) bis Ausfahrt Holzkirchen. Über Gmund und Tegernsee bis Rottach. Nach der Ampel biegt man links Richtung Sutten/Valepp ab und folgt dieser Straße bis zur Mautschranke bei Enterrottach. Nun auf der Mautstraße weiter, an der Sutten-Bergbahn vorbei und weitere 6 km, bis von links die (gesperrte) Straße vom Spitzingsee einmündet. Hier befindet sich rechts ein großer Wanderparkplatz.
■ **Gehzeit:** 15 Min.
■ **Höhe:** 872 m
■ **Höhenunterschied:** 10 m
■ **Gipfel:** Rotwand (1885 m)
■ **Anforderungen:** Nur wenn man die Tour weiter unten beginnt, muss man die Teerstraße bzw. den Wanderweg (siehe vorherige Tour) gehen, ansonsten parken wir nur 300 m vor dem Forsthaus.
■ **Rolli:** Für Rollstuhl gut geeignet
■ **Rodel:** Für Rodler nicht zu empfehlen
■ **Einkehr:** Forsthaus Valepp, November bis 25. Dezember geschlossen, Ruhetag nur bei schlechtem Wetter. Tel. 0 80 26/ 7 12 81.

Das Forsthaus Valepp in den Tegernseer Bergen ist ein großes Gasthaus, bei dem man eigentlich auch gleich direkt vor der Tür parken könnte.

Um wenigstens ein paar Meter mit den Kleinen zu gehen, wählen wir den Parkplatz etwa 300 Meter vorher und erkunden dann noch die Kapelle und den Bach in unmittelbarer Nähe zum Forsthaus. Man kann die Tour auch bereits am Parkplatz bei der Mautschranke in Enterrottach beginnen (siehe Tour 33), dann ist man jedoch mindestens zwei Stunden unterwegs. Ebenso könnte man unterwegs, z. B. bei der Sutten-Bergbahn, Monialm oder Hafneralm, parken. Aber da nur die Teerstraße zum Forsthaus führt, ist das aufgrund des zwar mäßigen, aber dennoch insbesondere an schönen Wochenendtagen vorhandenen Verkehrs ebenfalls nicht zu empfehlen.

Ausgehend vom Wanderparkplatz folgen wir dem unübersehbaren Wegweiser Richtung Forsthaus Valepp gerade über die Brücke und überqueren die Rote Valepp, die hier in die Valepp fließt. Auf guter Straße geht es in kurzen 300 Metern zum Parkplatz direkt unter der Terrasse des Forsthauses. Bevor es über die kleine Treppe zur erhöht

> **Tipp**
> Im Tal in Rottach-Egern gibt es die Möglichkeit zum Baden und Minigolf spielen. In Kreuth Bademöglichkeit und die Wallbergbahn.

Die Kurztour zum Forsthaus ist auch im Buggy super.

Das Forsthaus Valepp.

liegenden Terrasse geht, nehmen wir uns noch die Zeit, ein wenig die Umgebung zu erkunden. Geht man geradeaus weiter – am Ende des Parkplatzes führt links ein kinderwagengeeigneter Weg zur Terrasse – kann man in der ersten Kehre der Schotterstraße rechts über die Wiesen zur nahen Valepp hinuntergehen. Bevor diese über einen Wasserfall Richtung Österreich stürzt, kann man hier auf einer schmalen Kiesbank schön spielen. Folgt man der Schotterstraße noch ein paar Meter weiter, geht bald rechts, etwa gegenüber dem Trafohäuschen, ein schmaler Pfad zur Kapelle ab. Diesen gehen wir bis zur vom Forsthaus aus gut sichtbaren Kapelle und schauen durch die offene Tür und zurück zum Forsthaus.

Wieder beim Parkplatz angekommen, steht die Einkehr auf dem Programm, bevor es wieder zurück zum Auto geht.

Alternative: für einen Abstecher nach Österreich Folgt man der Schotterstraße noch etwa zwei Stunden weiter in Richtung Süden, gelangt man zur Erzherzog-Johann-Klause (814 m). Bei der Verzweigung, etwa 15 Minuten nach dem Kapellenabzweig, geht man rechts über die Grenze und nun stets im Enzenbachtal nach Süden. Wir halten uns nun rechts und folgen am Ende der Schotterstraße dem tollen Steig. Später geht es über die kleine Brücke auf die andere Bachseite, wo wir die Klause bald erreichen.

■ **Karte:** Topographische Karte 1 : 50 000, Blatt Mangfallgebirge (BLVA).
■ **Informationen:** Kuramt Tegernsee, Hauptstraße 2, 83684 Tegernsee, Tel. 0 80 22/1 8 01 40, Fax 0 80 22/37 58 00, E-Mail: info@tegernsee.de. www.tegernsee.de

Tegernseer Berge

35

Taubenberg

Aber bitte ökologisch!

■ **Anfahrt:** Autobahn München–Salzburg (A 8) bis Ausfahrt Holzkirchen. Weiter Richtung Tegernsee bis zur Abzweigung Warngau/Miesbach nach links und durch den Ort Warngau stets in Richtung Miesbach. An Allerheiligen vorbei und links Richtung Taubenberg abbiegen. Nach links zweigt eine Schotterstraße ab, der man bis zum höchsten Punkt der Straße folgt. Man parkt links bei der Kapelle.
■ **Gehzeit:** 15 Min.
■ **Höhe:** 834 m
■ **Höhenunterschied:** 40 m
■ **Gipfel:** Taubenberg (840 m)
■ **Anforderungen:** Leichter Spaziergang
■ **Rolli:** Bedingt geeignet, teilweise leicht steil.
■ **Rodel:** Bei guter Schneelage ist die Strecke zum Rodeln geeignet.
■ **Einkehr:** Taubenberg, 10. Dez. bis 31. Jan. geschlossen. 1. April bis 31. Okt. Donnerstag bis Sonntag und an Feiertagen geöffnet, 1. Nov. bis 31. März Sa., So. und Feiertags geöffnet, E-Mail: berggasthaus@taubenberg.de, www.taubenberg.de Tel. 0 80 20/17 05.
■ **Karte:** Topographische Karte 1 : 50 000, Blatt Mangfallgebirge (BLVA).

Das Berggasthaus ist ein ökologisch betriebenes Wirtshaus mit südseitiger Sonnenterrasse, die neben einer schönen Aussicht direkten Zugang zum eingezäunten Spielplatz bietet.

Wir starten unsere Tour ganz gemütlich mit dem Kinderwagen auf dem höchsten Punkt der Tour am Parkplatz neben der kleinen Kapelle, gehen geradeaus weiter und folgen der Beschilderung leicht bergab in östlicher Richtung zum Berggasthaus Taubenberg. Man taucht in ein kleines Wäldchen ein und hat dieses nach einer Rechtskurve auch schon gleich wieder verlassen. Auf der breiten Schotterstraße geht es weiter durch die saftigen Wiesen hindurch und nach wenigen Minuten sehen wir unser Ziel gerade vor uns immer näher kommen. Somit erreicht man nach wenigen Schritten an den saftigen

> **Tipp**
> In Holzkirchen gibt es ein Schwimmbad und einen Spielplatz für die Kinder. Miesbach bietet einen Spielplatz mit Bach.

Taubenberg

Wiesen entlang den Gasthaus-Parkplatz, wo in den Freigehegen bereits die ersten Tiere auf uns warten. Hat man Glück, gibt es bei den Schweinen gleich links vom Parkplatz gerade Nachwuchs und man kann den kleinen Ferkeln beim Herumtollen zusehen. Geht man um das Haus herum, gelangt man, die Pferde auf der Koppel passierend, zur Selbstbedienungsterrasse. Die leckeren Bio-Kuchen entschädigen für das etwas lieblose Ambiente der Terrasse und die im Spätsommer etwas nervenden Wespen, auch wenn das Preisniveau dem Okö-Gedanken Tribut zollt.

Die Kleinen haben jedoch ganz eindeutig ihren Spaß. Auf dieser Tour ist der völlig ungefährliche Weg doch sehr leicht zu bewältigen und die Tierwelt rund um das Gasthaus ist stundenlange Beobachtungssitzungen wert. Zum Auto zurück geht es auf dem bereits bekannten Weg.

Alternative: für einen kleinen Abstecher Nach der Rückkehr zum Auto lassen sich überschüssige Energiereserven noch mit einem Abstecher zum Aussichtsturm (Schlüssel beim Gasthaus) abbauen. Der Weg auf dem Rücken des Taubenberges beginnt neben der Kapelle beim Parkplatz.

Alternative: für eine längere Tour Man kann auch gleich am Beginn der Schotterstraße parken und den Taubenberg auf dieser in zusätzlichen knapp 30 Minuten erklimmen, jedoch hat man einen zwar sehr geringen, aber leider doch staubaufwirbelnden Verkehr auf dieser Strecke.

Alternative: für eine kürzere Tour Es ist auch möglich, direkt bis zum Gasthaus mit dem Auto zu fahren, aber da der Weg von der Kuppe nicht wirklich schwer zu bewältigen ist, schadet das bisschen Bewegung auch nicht und irgendwie muss man die Kinderbeine ja auch müde machen.

Auch für Kinder kaum zu verfehlen – immer dem Wegweiser nach.

■ **Informationen:** Tourismusverband Bayerisches Oberland e.V., Tegernseer Straße 20 a, 83734 Hausham, Tel. 0 80 26/92 07 00, Fax 0 80 26/92 41 66, E-Mail: info@tegernsee-schliersee-wendelstein.de, www.tegernsee-schliersee-wendelstein.de.

Linke Seite: Die kleine Kapelle am Beginn des Weges vom Parkplatz zum Aussichtsturm.

Orts- und Sachregister

Achensee 56
Ahornboden, kleiner 52
Alpbach 84
Alpengasthof Eng 54
Altwirt 64
Ammer 24
Ammersee 14
Arzbach 60
Aueralm 70
Aujäger 19

Bäckeralm 86
Bad Kohlgrub 26
Bad Wiessee 70, 76
Badersee 32
Bannwaldsee 22
Bauer in der Au 76
Berggasthof St. Anton 44
Binsalm 54
Brauneck 62
Brunnberg 24
Buch 77

Denkalm 66
Dießen 14
Drehhütte 22

Ederkanzel 42
Elmauer Alm 40
Erzherzog-Johann-Klause 91

Falkenhütte 50

Feilalm 56
Ferchensee 42
Forggensee 22
Forsthaus Ilkahöhe 16
Forsthaus Valepp 90

Galaunalm 82
Gamshütte 38
Gasthaus Altes Bad 74
Gasthaus Riederstein 82
Gasthaus zum Bruckenfischer 19
Gasthaus zur Mühle 18
Grainau 32

Hafneralm 88
Hohenschwangau 23
Hörnle-Hütte 26

Ilkahöhe 16
Isartal 18, 48

Johannestal 51

Keilkopf 66
Kellerleitensteig 28
Kirchsteinhütte 60
Klais 40
Kochelberg-Alm 36
Kolbenalm 24
Kolbenbach 25

Königsalm 78
Korbinianhütte 44
Kramer 28
Kranzberg 44
Kreuzbergalm 84

Längentalalm 61
Lautersee 42
Lenggries 62, 66
Lieberhof 80

Maxhütte 48
Mittenwald 42, 44
Monialm 87, 88
Mühltal 18

Neuneralm 32
Neuschwanstein 22, 23

Oberammergau 12, 24
Obergrainau 32
Oswaldhütte 55

Partnach 36
Partnachalm 36
Pertisau 56
Pflegersee 28
Pletzachalm 56

Reiseralm 62
Riedersteinkapelle 82
Rohrkopfhütte 22
Romanshöhe 12

Romantische Straße 22
Rottach-Egern 82, 88

Schäftlarn 19
Schalmerschlucht 39
Schatzbergalm 14
Schloss Elmau 40
Schwangau 22
Schwarzentennalm 72
Siebenhüttenalm 74
Söllbachklause 76
St. Martin 28
St. Quirin 80
Starnberger See 16
Straßlach 18

Taubenberg 92
Tegelberg 23
Tegernsee 82, 84
Tegernseer Höhenweg 80
Tutzing 16

Unterammergau 12

Wackersberg 64
Waldherralm 64
Wallgau 48
Warngau 92
Wieskirche 23
Wildbad Kreuth 72, 74
Wolfratshausen 19

Zeiselbach 70
Zugspitzbahn 32